叢書・ウニベルシタス　956

物象化　承認論からのアプローチ

アクセル・ホネット
辰巳伸知／宮本真也 訳

法政大学出版局

Axel Honneth

VERDINGLICHUNG

Eine anerkennungstheoretische Studie

This book is published in Japan by arrangement
through The Sakai Agency, Tokyo.

目　次

前書き

本研究は、私が今年三月にカリフォルニア大学バークリー校で行なったタナー講義に、改訂と増補を加えたものである。西欧マルクス主義の重要なテーマをこの機会に再定式化し、どちらかといえば分析的な訓練を受けてきたバークリーの聴衆にとっても、その理論的概略と緊急性が理解できるようにすること、それが私の目標であった。もちろん私はそのなかで、批判理論の伝統において今日に至るまで未解決の遺産の一つであるこのテーマにとって、承認の概念を実り豊かなものにしようとも考えた。聴衆の反応を私が誤解していないとするならば、フランクフルトとバークリーの間のこの橋渡しは成功したように思われる。とりわけ、私の講演にコメントするために招かれた三人の「応答者たち」――ジュディス・バトラー、レイモンド・ゴイス、ジョナサン・リア――が、きわめて熱心で思慮深い異議を申し立ててくれたことからも、私の説明が好意的な関心をもって聞かれたことはよくわかる。彼ら／彼女らの提案や勧めは、フランクフルトでラーヘル・イエッギとクリストファー・チュルンから受けた助言同様、草稿の改訂にあたって考慮に入れるべく試みた。彼ら／彼女ら全員に対して私は、大胆な批判を私の草稿に寄せてくれたことに感謝している。最後に、出版社のエヴァ・ギルマーは、私の講義が即座に出版できるようあらゆる手をつくしてくれた。彼女に対しても、その熱心な仕事ぶりに心より感謝したい。

二〇〇五年五月　フランクフルト・アム・マイン

アクセル・ホネット

「あらゆる物象化は、忘却である。」

（マックス・ホルクハイマー／テオドール・W・アドルノ『啓蒙の弁証法』）

「知識は、結局承認に基づいている。」

（ルートヴィヒ・ヴィトゲンシュタイン『確実性について』）

はじめに

「物象化 Verdinglichung」という概念は、前世紀の二十年代および三十年代において、ドイツ語圏の社会・文化批判をリードするテーマだった。この表現あるいはそのいくつかの隣接概念には、凹面鏡のように、増大する失業と経済恐慌にあえいでいたヴァイマル共和国を特徴づける歴史的経験が集中しているように思われていた。社会的諸関係は、ますます無味乾燥で計算ずくの合目的性に支配されているような印象を呼び起こし、物に対して職人仕事が有する愛は、明らかに単なる道具的処理に席を譲り、主体の内的経験でさえ、打算的な従順さの冷酷な気配を感じさせていた。しかしもちろん、そのような散漫な気分が実際に「物象化」という分母にもたらされるためには、知的に真摯な哲学者の沈着冷静さが必要であり、そして一九二三年に出版された論集『歴史と階級意識』(1)において、マルクス、マックス・ヴェーバー、ゲオルク・ジンメルの著作から引き出されたテーマの大胆な統合によりこの鍵となる概念の鋳造に成功したのは、ゲオルク・ルカーチだった。切迫した革命への希望に突き動かされた彼の本の中心をなすのは、「物象化とプロレタリアートの意識」についての長い三部構成の論考である。[2] それは、当時支配的な状況のもとでの生活形態を社会的物象化の結果として分析するよう、哲学者や社会学者の全世代を駆り立てたのである。[3]

しかし第二次世界大戦終了後は、「物象化」というカテゴリーが時代診断において有する中心的位置は損なわれた。ホロコーストがもたらした文明の崩壊が大仰な社会診断へとむかう思弁的傾向を麻痺させてしまったかのように、社会理論家や哲学者たちはこぞって民主主義や司法の欠損についての分析で満足し、今さら「物象化」や「商業化 Kommerzialisierung」といった病理概念を利用しようとはしなかった。もちろん確かに、そのような視座はフランクフルト学派の諸の著作、特にアドルノの著作のなかで生き続けたし、学生運動の期間中に、もう一度つかの間ルカーチによる研究への追憶が燃え上がりはしたが、[4] 全体として見れば、物象化を分析しようとする企図はとどのつまり長らく忘れられてきた過去のもののように思われた。「物象化」とちょっと言っただけでも、それは、戦後の時代や文化的革新、理論的更新を通じてその正当性を喪失してしまった一つの文化的時代にかたくなにしがみつこうとする徴候のように思われたのである。

それにもかかわらずごく最近になってようやく、こういった状況がもう一度変化するかもしれない兆しが増してきた。すなわち、哲学的に未消化だった一片のように、「物象化」というカテゴリーはヴァイマル共和国という深淵から回帰し、あらためて知的討議の舞台に登るのである。

そのような時代診断における思潮の転換が生じているのではないかという推測を裏づけることができる徴候は、少なくとも三つ、場合によっては四つある。まずはじめに、まだ華々しいものではまったくないが、われわれの日常生活に忍び寄る経済化の美的アウラを放散する、多くの新しい小説や物語があげられる。文体上の方法の用い方や導入される語彙の選び方を工夫して、これらの文学的証言は、社会的世界を次のように観察するようにしむける。すなわち、その社会的世界の住人たちは、自分たちおよび他者に対して、あたかも生命のない対象に対するように、したがって内的感情あるいは他者の視座を引き受けようとする試みのかけらもなく、関係しているのである。この関連のなかで名前をあげることのできる作者のリストは、アメリカの作家、レイモンド・カーヴァーやハロルド・ブラドキーから、フランス文学の「恐るべき子ども」、ミシェル・ウエルベック、そしてドイツ語圏の作家、エルフリーデ・イェリネクやジルケ・ショイアマンにまで及ぶ(5)。以上のような物語作品では物象化は単に雰囲気的気分として現れているとするなら、最近の社会学的分析では変化した人間行動の形態として研究されている。今日、文化社会学や社会心理学の領域では、都合がいいからという理由で一定の感情や願望をまるで抱いているかのようにただ演じて見せる、という主体の強い傾向を見いだす研究は数多い。そういった感情や願望は、かくして実際にも固有のパーソナリティの構成要素として体験されてしまうのである(6)。つまりそれは感情的自己操作の一形態であり、ルカーチは、ジャーナリズムについて「体験や信念」の「身売り(7)」として語り、そこに社会的物象化の極致を見たときに、すでにそれを視野に収めていたのである。

確かに、感情の管理へと向かう傾向についてのそのような診断においては、「物象化」の概念は、冷たい即物性と操作という雰囲気を今日伝えている文学的証言の大部分と同様、はっきりとは現れていない。物象化というテーマ設定の回帰を現在推測させる第三のテクスト群をまってはじめて、事情は変わってくる。すなわち、ルカーチが自らの分析においてはっきりと思い浮かべていたであろう社会現象を理論的に把握しようとする努力が、最近になって倫理学あるいは道徳哲学の内部においても見いだせるのである。その際、もとのテクストとのつながりは明らかにされていないとはいえ、「物象化」の概念はたびたび用いられている。かくしてマーサ・ヌスバウムは、近年の研究において、特に他者の人格の道具的利用の極端な形態を特徴づけるために、適切なやり方で「物象化」について語っており(8)、またエリザベス・アンダーソンは、確かにその概念は放棄してはいるが、われわれの生活関係の経済的異化という明らかにそれと似通った現象を分析している(9)。そのような倫理学的コンテクストのなかでは、明瞭に規範的な意味において「物象化」やそれと類似のプロセスが問題になっている。それは、他の主体がその人間的特性によってではなく、感情のない死せる対象のように、まさに「モノ」や「商品」として扱われるがゆえに、われわれの道徳的、倫理的原則に反する人間の態度のことである。そして、そのような規定によって関連づけられる経験的現象には、ますます増大する代理母の利用や恋愛関係の市場化、セックス産業の爆発的発展などのさまざまな傾向が含まれている。[10]

最後に、われわれの時代におけるきわだった進展を概念的に特徴づけるために、今日「物象化」のカテゴリーがあらためて用いられる四つめのコンテクストを、さらにつけ加えなければならない。脳研究がもたらす帰結や社会的影響に関して近年行なわれている議論の環境においては、この場合の厳密に科学的なアプローチは物象化する態度を表わしている、と指摘されることが少なくない。というのも、そういった議論によると、人間の感情や行動を脳内の神経伝達を単に分析することによって説明しようとする企図においては、すべての生活世界的知識が無視され、それとともに人間は経験なきロボットのように、したがって結局はモノのように扱われるからである。先にあげた倫理学的アプローチと同様、ここでもまた物象化の概念は主として、道徳的原則への違反を明らかにするために導入される。すなわち、人間についての神経生理学的観察においては、見たところその個人的特性は顧慮されないという事情は、「物象化」の一例と見なされるのである。[11] したがって、双方のコンテクストにおいては、物象化の概念がとにもかくにも単なるモノを暗示することによって包含している存在論的含意は、副次的で周辺的な役割しか演じていない。つまり、一定の「物象化された」ふるまいが、われわれの日常的行為の存在論的前提に反するからではなく、それが道徳原則に反するがゆえに、問題があったり虚偽であると見なされていたりするのである。それに対してルカーチは、倫理的原則に一切関わることなくやっていけると考えていた。彼は自らの論考のなかで、「物象化」の概念を文字通りに受けとっていたのである。彼はその概念によって、存在論的事実にまつわる錯誤に基づいてのみ虚偽であると見なされるべき社会的行為実践を、特徴づけることができると考えていたからである。

もちろんルカーチによる物象化の分析も、道徳的な語彙は完全に放棄しているとはいえ、規範的内容をもっている。結局、「物象化」という概念を使用することがすでに、述べられた現象において、世界に対する「本来の」もしくは「正しい」形態の態度についての錯誤が問題であるという想定を表わしているのである。そして結局ルカーチは、彼が所与の状況の革命的変革の必然性を描写するとき、自らの読者たちは同意するであろうという前提から出発している。しかしながら、このような暗黙の判断が投入されている場所は、先に述べた諸々のコンテクストにおいて相応の価値判断が述べられ根拠づけられる論証的水準の底流にある理論的段階に位置している。なぜならルカーチは、物象化において道徳的原則への違反を見てとるのではまったくなく、われわれの生活形態を理性的なものとする人間的実践や態度様式の誤認を見てとるからである。[12] 彼がわれわれの生活状況の資本主義的物象化に反対してもち出す諸々の論拠は、間接的にしか規範的性格をもっていない。なぜならそれらは、われわれの存在の理性的基礎を把握しようとする社会存在論ないし哲学的人間学の記述的要素に起因するからである。その限りにおいて、ルカーチによる物象化の分析については次のように言うことができる。それは、われわれの生活実践の病理を社会存在論的に解明する術を提供している、と。[13] もちろん今日においてもなおわれわれはそのように語ることが許されるかどうか、一定の生活形態に対する異議申し立てを社会存在論的洞察を引きあいに出すことによって正当化できるかどうか、それらは決して確定してはいない。それどころか、戦略的行為を強く要請する今日の社会において、われわれは「物象化」という概念を用いてなお首尾一貫した思想を表現できるかどうかも、決して明らかとは言えないのである。

（1）Georg Lukács, *Geschichte und Klassenbewußtsein* (1923), in: ders., Werke, Band 2 (Frühschriften II), Neuwied und Berlin 1968, S. 161-518.（城塚登・古田光訳、『ルカーチ著作集9　歴史と階級意識』、白水社、一九六八年。）

（2）Georg Lukács, »Die Verdinglichung und das Bewußtsein des Proletariats«, ebd., S. 257-397.（同書、一五九―三六六ページ。）

（3）Martin Jay, »Georg Lukács and the Origins of the Western Marxist Paradigma«, in: ders., *Marxism and Totality. The Adventures of a Concept from Lukács to Habermas*, Cambridge 1984, Kap. 2（荒川幾男他訳、『マルクス主義と全体性――ルカーチからハーバーマスへの概念の冒険』、国文社、一九九三年、第二章）を参照。

（4）代表的なものとして、Furio Cerutti u. a., *Geschichte und Klassenbewußtsein heute. Diskussion und Dokumentation*, Amsterdam 1971（Schwarze Reihe Nr. 12）; Jutta Matzner（Hg.）, *Lerstück Lukács*, Frankfurt/M. 1974. を参照。

（5）Raymond Carver, *Würdest du bitte endlich still sein, bitte. Erzählungen*, Berlin 2000（村上春樹訳、『頼むから静かにしてくれ』、中央公論社、一九九一年）; Harold Brodkey, *Unschuld. Nahezu klassische Stories*, Reinbek bei Hamburg 1990; Michel Houllebecq, *Ausweitung der Kampfzone*, Berlin 1999（中村佳子訳、『闘争領域の拡大』、角川書店、二〇〇四年）; Elfride Jelinek, *Die Klavierspielerin*, Reinbek bei Hamburg 1983（中込啓子訳、『ピアニスト』、鳥影社、二〇〇二年）; Silke Scheuermann, *Reiche Mädchen. Erzählungen*, Frankfurt/M. 2005. もちろん、これらすべての文学作品では「物象化」の感知と疎外現象の認識と

が交差している。今日ではラーヘル・イエッギが、この第二の同じくマルクス主義の伝統に端を発する「疎外」という概念を再構成する卓越した試みを行なってきた。Rahel Jaeggi, *Entfremdung. Zur Aktualität eines sozialphilosophischen Problems*, Frankfurt/M. 2005.

（6）アーリー・ラッセル・ホックシールドによる研究は、古典的なものとなっている。Arlie Russel Hochschild, *Das gekaufte Herz. Zur Kommerzialisierung der Gefühle*, Frankfurt/M.-New York 1990.（石川准・室伏亜希訳、『管理される心――感情が商品になるとき』、世界思想社、二〇〇〇年。）

（7）Georg Lukács, »Die Verdinglichung und das Bewußtsein des Proletariats«, a. a. O., S. 275.（ルカーチ前掲書、一八七ページ。）

（8）Martha Nussbaum, »Verdinglichung«, in: dies., *Konstruktion der Liebe, des Begehrens und der Fürsorge. Drei philosophische Aufsätze*, Stuttgart 2002, S. 90-162.

（9）Elizabeth Anderson, *Value in Ethics and Economics*, Cambridge（Mass.）1993, v. a. Kap. 7 und 8.

（10）Stephen Wilkinson, *Bodies for Sale: Ethics and Exploitation in the Human Body Trade*, London 2003. ラーヘル・イエッギの概括的論考、Rahel Jaeggi, »Der Markt und sein Preis«, in: *Deutsche Zeitschrift Philosophie*, Jg., 47/1999, H. 6, S. 987-1004. も参照。

（11）こういった傾向を有する論文に、以下のものがある。Andreas Kuhlmann, »Menschen im Begabungstest. Mutmaßungen über Hirnforschung als soziale Praxis«, in: *West-End. Neue Zeitschrift für Sozialforschung*, Jg. 1/2004, H. 1, S. 143-153.

（12）そのような「深層に」設定された、この場合は「社会存在論的」と名づけられる批判形式の方向をめざすものとしては、今日ではたとえば、Charles Taylor, »Explanation and Practical Reason«, in: ders., *Philosophical Arguments*, Cambridge（Mass.）1995, S. 34-60. がある。さまざまな問題をまとめたものとしては、Axel Honneth, »Pathologien des Sozialen«, in: ders., *Das Andere der Gerechtigkeit. Aufsätze zur praktischen Philosophie*, Frankfurt/M. 2000, S. 11-69.（加藤泰史・日暮雅夫他訳、『正義の他者――実践哲学論集』、法政大学出版局、二〇〇五年、三―七一ページ）を参照。物象化の概念を「社会存在論的」に、ただし言語分析に方向づけられた形で復活させた唯一の試みを、クリストフ・デンマリングは最近行なっている。Christoph Demmerling, *Sprache und Verdinglichung. Wittgenstein, Adorno und das Projekt der kritischen Theorie*, Frankfurt/M. 1994.

(13) Axel Honneth, »Eine soziale Pathologien der Vernunft. Zur intellektuellen Erbschaft der Kritischen Theorie«, in: *Axel Honneth: Sozialphilosophie zwischen Kritik und Anerkennung*, hg. von Christoph Halbig/Michael Quante, Münster, S. 9-32.

第1章　ルカーチにおける物象化

「物象化」という概念が今日においてもまだ用いる値打ちがあるのかどうか、という問いを明らかにするためには、さしあたりルカーチによる古典的分析に赴くのが有益であろう。ただしわれわれはすぐさま、彼のカテゴリー上の手段が、現象面では概して彼が正しく把握している事象を適切に概念化するには十分ではないということを確認するであろう。ルカーチは、すでに自らの論文の一ページ目でマルクスにならって次のように主張するとき、「物象化」という概念の存在論化的な日常的理解に忠実に従っているのである。すなわち、物象化とは「人間と人間との関わりあい、関係が物象性という性格を(1)」もつこと以外の何ものでもない、と。この基本的な定式において物象化の概念は明らかに、それを通じてそれ自体いかなる物的な特性ももたないもの、したがってたとえば人間的なものが、何か物的なものと見なされるような認識上の出来事を表わしている。その際まず第一に、そのような物象化のケースにおいて単に認識上のカテゴリー・エラーが問題であるのか、道徳的に非難すべきふるまいが問題なのか、全体に歪んだ実践の形態が問題なのか、はっきりしない。しかしもちろん、あとの文章をもう少し読んでみれば、ルカーチは単なるカテゴリー・エラー以上のものを視野に収めているに違いないことが明らかになる。というのも、物象化という事象は、認知的誤謬ではほとんど説明できないであろう多層性と持続性をもっているからである。ルカーチは、資本主義社会の確立とともに間主観的行為の支配的様式となった商品交換の拡張を、物象化の恒常化と拡大の社会的原因と見なしている。すなわち、主体は、自らの同胞との関係を何よりも等価な商品の交換を介して規制し始めるやいなや、自らの環境に対して物象化する関係に否応なく立たされるのである。というのも、主体はもはや、それが自らの自己中心的な効用計算に対してもたらすことができる収益という観点からのみ、所与の状況の構成要素を認識するしかないからである。そのようにして強いられた視座の転換は、さまざまな方向に影響を及ぼすのであり、その方向は、ルカーチにとってはそれだけ多くの物象化の形態をもたらすのである。すなわち、主体は商品交換において相互に次のようにふるまうよう促される。（a）目前の対象を、もはや潜在的に利用可能な「モノ（Dinge）」としか認識せず、（b）向かいあっている相手を、多くの収益をもたらす取引の「客体（Objekt）」としか見なさず、そして最後に（c）自らの固有の能力を、収益獲得機会の計算における追加的「資源（Ressource）」としか考えない、そういったふるまいである。ルカーチは、客観的世界や社会、そして自分自身に関わるこれらすべての態度の変容を、それらの間のニュアンスに富んだ相違を顧慮することなく、「物象化」という概念に集約している。すなわち、量的に査定された対象も道具的に扱われた同胞も、そしてまたもっぱらその経済的な利用可能性に基づいて感知される自身の一連の能力や欲求も、「物的」であると見なされるのである。さらに、「物象化的」と規定される態度のなかには、したたかなエゴイズムから無関心、そして何よりも経済的な関心に至るまでの、さまざまな構成要素が溶けこんでいる。

しかしルカーチは自らの分析において、商品交換への参加が人々に要求する態度変容の単なる現象論以上のものを提供しようとする。確かに初めは彼のまなざしは、マルクスが「商品フェティシズム」として記述した現象[2]にほとんどもっぱら向かっているが、数ページ後にはすでに彼は、物象化の強制を資本主義における日常生活全体に移すことによって、経済的領域への局限された結びつきから自らを解放し始めている。このような社会的一般化がどのようにして理論的に行なわれたかは、テクストのなかでは必ずしも明らかではない。というのもルカーチは、対立した説明戦略の間で揺れ動いているように思われるからである。そこにおいては一方では、すべての生活領域を商品交換という行為範型に同化させるのは、資本主義の拡張という目的にとって必要であるという機能主義的議論が見られる[3]。そして同時に、マックス・ヴェーバーにならって、合理化の強力な過程によって、これまで伝統的な行動定位に服していた社会的領域にまで目的合理的な態度が拡大していく、と述べられている[4]。このような一般化の進行についての根拠づけがいかに問題をはらんでいようとも、結局ルカーチはそれによって彼の研究の中心テーゼにたどり着く。そのテーゼに従えば、資本主義において物象化は人間の「第二の自然」[5]になったのである。資本主義的生活形態に関与している主体すべてにとって、自分自身と環境世界を単なる物的客体の図式に従って認識することは、持続的習慣とならざるをえないのである。

こういった物象化においてどのような誤りが問題なのかという問いをさらに追究していく前に、あらかじめルカーチによる分析における次の段階をなお描写しなければならない。われわれが見てきたように、彼はこれまで「モノ（Ding）」や「物象性（Dinghaftigkeit）」という概念をまさしくぞんざいに、ある主体によって自らの環境や自分自身の人格において経済的に利用可能な数量として認識されるすべての現象に転用してしまった。対象が問題なのか、他の人格が問題なのか、あるいは自己の能力や感情が問題なのかということにはお構いなしに、それらはルカーチによると、経済的取引のなかでの利用可能性という観点のもとで眺められるやいなや、物的な客体として体験されるのである。しかしこのような概念的戦略は、当然のことながら「第二の自然」としての「物象化」という考えを正当化するには、不十分である。なぜなら、それは非経済的な領域や行為の次元への転用とも結びついているからである。それが、あらゆる所与の状況を経済的に計算可能な購買額へと定義替えすることのみを意味しているとするなら、等価交換の行為領域の外部での物象化とは何を指すのかを、どのように説明すればよいのか？　興味深いことにルカーチは、ここで示された問題を自ら視野に収めていたように思われる。というのも彼は、分析の途上ですでに早くも概念的アプローチの方向を変えているからである。最初は、把握された対象の側で物象化を通じて生じる変容に留意していたが、それにかわって彼は今度は、行為する主体が自分で経験せざるをえない変容を検証する。主体の「態度」においてもまた、商品交換の強制のもとで、周囲の現実に対する主体の関係全体に関わる変容が生じるのである。すなわち、行為者が交換相手の役割を持続的に引き受けるやいなや、彼は「静観的な」、「自分自身の存在が疎遠な体系のなかに組みこまれた孤立化した小部分として現われるような事態」の「何の働きかけもしない傍観者」(6)になるのである。「静観(Kontemplation)」や「無関心(Teilnahmlosigkeit)」といった概念は、概念的準拠点のこのような移動によって、物象化の様態のなかで社会的行為の地平において生じている事柄を理解する鍵となる。主体はもはや自分では自らの環境における出来事に能動的に参加せず、出来事に対して無感動なままの中立的な観察者の立場に身を移す。したがってこの場合、「静観」という言葉は理論的な沈潜や集中よりも、鷹揚で受動的な観察的態度を意味する。そして「無関心」とは、行為者がもはや出来事によって感情的に刺激されることはなく、出来事を内的に共感することなく、まさしく観察するように、自らの脇を通り過ぎていくがままにさせる態度を意味している。

ここで容易に見てとれるのは、このような概念戦略を選ぶことで、人間の「第二の自然」として「物象化」を考えることが何を意味しうるのかを説明するための、より適切な基盤が見いだせるということである。確かに、完全に説明するためには若干のさらなる理論的中間段階が欠けているように思われるが、それでも基本的な構想は次のように描写できる。商品交換の拡大する行為領域のなかでは、主体は社会的出来事の参加者としてではなく単に観察者として自らふるまうことを強いられている。なぜなら、可能な利得をめぐるかかわるの計算は、純粋に即事的で可能な限り感情中立的な態度を要求するからである。こういった視座の変容と同時に、状況にとって意味のあるすべての所与を「物象化する」知覚が現われる。なぜなら、交換されうる対象、交換相手、そして最後に自らの人格の潜在力は、もっぱらそれらの量的な価値増殖特性においてのみ心に留めることが許されているからである。そのような態度は、「第二の自然」となる。なぜならそれは、それに対応する社会化の過程によって慣れ親しんだ習慣となり、その結果それは日常生活のスペクトル全体にわたって、個人のふるまいを規定するからである。主体はそのような制約の下で、交換の遂行に直接関与していない場合でも、単なる物的な所与性というモデルに従って自らの環境を知覚するのである。したがって、「物象化」をルカーチは、観察に専念する態度のハビトゥスや習慣と理解しており、そのような態度においては、自然的な環境や社会的な同時代人や自らの人格の潜在力は、もっぱら無関心に感情中立的に何か物的なもののように把握されるのである。

以上のように簡潔に再構成しただけでも、「物象化」においてどのような種類の誤りや失敗がルカーチにとって問題になりえないかということが、間接的にはっきりとしている。歪曲をもたらすそういった視座は、われわれがすでに見てきたように、単なる認識上のカテゴリー・エラーを示すものではない。しかしそれは単に、物象化においては多層的で持続的なさまざまな態度の症候群が問題にされるからというだけではなく、このような態度の変容はあまりにも深くわれわれの習慣やふるまい方に食いこんでおり、認識上の誤謬のように相応の訂正によって単純に解決できるものではないからである。物象化は、人間の「第二の自然」と言えるほどまでに資本主義社会において広まった、われわれの視座を歪める「態度」(7) あるいはふるまい方を形成する。しかし他方、以上のような簡潔な再構成から同時に、ルカーチの「物象化」は一種の倫理的に誤ったふるまい、道徳的原則への違反としてもとらえられるべきではない、ということが判明する。というのも、そのようなとらえ方をするためには、そういった歪みをもたらす態度に主観的意図の要素が欠けていて、結局のところ道徳的な用語法をもち出せないからである。マーサ・ヌスバウムとは異なってルカーチは、どのレヴェルを越えると他の人格を物象化することが道徳的に軽蔑に値する行為であると主張するきっかけがもたらされるのか、(8) という問題には関心を示さない。彼にとってはむしろ、資本主義社会のすべてのメンバーは物象化をもたらす行動体系へと同じような仕方で社会化されているので、他者に対する道具的扱いは何よりももっぱら社会的事実なのであって、道徳的不正などではないのである。

以上のように概念規定することでわれわれは、ルカーチが自分自身の分析における鍵概念をどのように理解してもらいたがっていたか、という点がはっきりしてくる地点に到達した。すなわち、物象化においては単に認識上のカテゴリー・エラーも、道徳的に誤った態度も問題ではないとするなら、残されているのはそれを全体として誤った実践の形態と考える道のみである。すなわち、ルカーチが物象化をそういうものとして把握しようと試みる共感なき観察的態度は、人間の実践の本来の、あるいはよりよき形態の諸規定に反する習慣や態度の総体を形づくるのである。もちろんこのように表現しただけで、物象化概念についてのそういった把握もまた、規範的な含意を免れていないということがはっきりする。確かにわれわれはもはや、道徳的諸原則を侵害するという単純な事例にかかわるのではないが、しかし歪められたあるいは退縮した実践の形態に対して「真の」あるいは「本来の」実践を証明しなければならないという、はるかに困難な課題に直面しているのである。ルカーチが自らの物象化の分析において依拠している規範的原則は、道徳的に正当化された原理の全体にあるのではなく、正しい人間的実践という概念にある。そして、そのような類の概念はその正当化を、伝統的に道徳哲学や倫理学と呼ばれる領域からよりも、社会存在論や哲学的人間学からより強く引き出しているのである(9)。

ルカーチがこのような規範的要求についてははっきりとはわかっていなかった、などと言うことはできない。ヘーゲルにならって「抽象的当為」の理念を論駁しようとする強い傾向をもっていたにせよ、彼は物象化をもたらす実践ないし「態度」についての自らの説が、真の人間的実践という概念を通じて正当化を必要としていることについて、きわめて正確にわかっていた。それゆえに彼は自らのテクストの多くの場所に、物象化の強制に影響されない人間と世界との実践的関係とはいかなるものであるかを明らかにしようとする暗示をちりばめている。活動的な主体に関しては、たとえばそれはルカーチによると「体験をともにする」[10]ものとして、「有機的な統一」[11]として、そして「協働的な」ものとして把握されねばならないとされ、対象の側については、それは関与する主体によって「質的に唯一無比なもの」[12]あるいは「本質的なもの」[13]として、内容に即して規定されているものとして経験されうると主張される。しかし、以上のようなどこまでも人間学的に跡づけ可能な文言と奇妙なコントラストをなすのは、人間の「真の」実践に関する自らのヴィジョンを、ヘーゲルやフィヒテに立ち戻って要約しようと試みるルカーチの諸々の発言である。すなわちそこでは、客体を主体の産物として考えることができ、したがって結局は精神と世界とが符合するところでのみ、われわれは歪められていない活動性について語ることができる、とされている。[14]こういった文言が示すように、確かにルカーチは物象化を批判するに際して、かなりの程度フィヒテが精神の自発的な活動といった考えでもって提供したような「活動性」[15]という同一性哲学の概念に甘んじて導かれてきたし、ルカーチが「物象化」批判にそのような基礎づけを行なったことによって、それを社会理論的に正当化できるあらゆる見込みを奪ってしまったということに、今日疑問の余地はなかろう。[16] しかし、公式の観念論的な表明の下に、彼のテクストにははるかに穏当に、本来の「真の」実践は、商品交換の拡大によって破壊された共感や関心という特性をもつものである、とされている場所も実際あるのである。集団へと拡張された主体を通じての客体の産出ではなく、ここでは主体の間主観的な別の態度が、物象化をもたらす実践の定義とあざやかな対照をなすものとして役立つモデルとなる。私の考察を進めるにあたってこれから何よりも私の関心を引くのは、ルカーチのテクストにおけるこのような軌道なのである。私は、次のような問いに向かおうと思う。すなわち、当該の事態が根源的な実践──そこでは人間は、自らに対して、そして自らの環境に対して共感的関係を引き受ける──が萎縮したり、歪曲されたりすることとして理解するような仕方で、「物象化」の概念を再びアクチュアルなものにすることは、本当に有意義であるのかどうか、という問いである。

もっとも、そのような復権には一連の厄介な問題が立ちはだかっている。それらは、ルカーチの論考においてこれまで主題化されてこなかった諸問題と関連している。実のところルカーチのやり方において疑わしいのは、彼の物象化批判の規範的準拠点として、あらゆる客体的なものを種の主体的活動性から観念論的な仕方で生じさせる実践概念を用いる、彼の「公式の」戦略だけではない。彼のやり方で少なくとも同様に問題なのは、商品交換の拡大のみが、しだいに現代社会のすべての生活領域に侵入していく態度変容の原因であるとする、社会理論上のテーゼである。この主張においては、次のようなマルクス主義的前提が未解決のままである。すなわちその前提に従えば、経済的交換過程への参加が諸個人に対して、それを通じて諸個人の自己関係と世界関係のすべてが永続的に変えられ、それどころか正常ではなくされるような、決定的な意味をもっているのである。さらにもちろん同じ関連で問われてくるのは、高度に分化した社会が効率性を理由に、そのメンバーが自分自身ならびに他者に対する戦略的なつきあい方を習得することをいかにあてにしているかという点を、ルカーチは致命的に過小評価しているのではないか、ということである。もしそうなら、物象化批判ははじめからルカーチのように全体化するようなやり方をするべきではなく、すでに述べたような観察するだけで関心をもたない態度がまったく正当な場所を占めるような社会領域を、そこから除外すべきであろう。[17] こういったすべての不明確さや問題点をいちいち体系的に論じることが、以下においての私の目標ではなく、私の希望はむしろ、ルカーチの物象化概念の行為論的再定式化を通じて、そこにおいては未解決の諸問題がその波乱に満ちた性質を失い、そのかわりに啓発的な考察をもたらすきっかけを与えるような視座が生じることにある。

（1） Georg Lukács, »Die Verdinglichung und das Bewußtsein des Proletariats«, in: ders., *Geschichte und Klassenbewußtsein* (1923), Werke, Band 2 (Früschriften II), Neuwied und Berlin 1968, S. 257-397, hier S. 257.（城塚登・古田光訳『ルカーチ著作集9　歴史

と階級意識』、白水社、一九六八年、一五九―三六六ページ。この箇所は一六二ページ）ルカーチの物象化概念に関する研究については、リュディガー・ダンネマンによる包括的な研究 *Das Prinzip Verdinglichung. Studie zur Philosophie Georg Lukács*, Frankfurt/M. 1987. を参照。

（2）Karl Marx, *Das Kapital*, Bd. 1, in: Marx/Engels, Werke, Bd. 23, Berlin 1968, S. 85ff.（今村仁司・三島憲一・鈴木直訳、『マルクス・コレクションⅣ　資本論　第一巻（上）』、筑摩書房、二〇〇五年、一〇九ページ）マルクスの政治経済学批判におけるフェティシズム分析と物象化批判の関連については、Georg Lohman, *Indifferenz und Gesellschaft. Eine kritische Auseinandersetzung mit Marx*, Frankfurt/M. 1991, v. a. Kap. V. を参照。

（3）Georg Lukács, »Die Verdinglichung und das Bewußtsein des Proletariats«, a. a. O., S. 270.（同書、一六四ページ）

（4）Ebd., S. 276f.（同書、一七四ページ）

（5）Ebd., S. 260.（同書、一六六ページ）

（6）Ebd., S. 265.（同書、一七一―一七二ページ）

（7）Ebd., S. 264.（同書、一七一ページ）

（8）Martha Nussbaum, »Verdinglichung«, in: dies., *Konstruktion der Liebe, des Begehrens und der Fürsorge. Drei philosophische Aufsätze*, Stuttgart 2002, v. a. S. 148f.

（9）このような困難については、Axel Honneth, »Pathologien des Sozialen«, in: ders., *Das Andere der Gerechtigkeit. Aufsätze zur praktischen Philosophie*, Frankfurt/M. 2000, S. 11-69, bes. S. 54ff.（加藤泰史・日暮雅夫他訳、『正義の他者――実践哲学論集』、法政大学出版局、二〇〇五年、三―七一ページ、特に五二ページ以降）を参照。

（10）Georg Lukács, »Die Verdinglichung und das Bewußtsein des Proletariats«, a. a. O., S. 272.（同書、一八三ページ）

（11）Ebd., S. 275.（同書、一八七ページ）

（12）Ebd., S. 304.（同書、二三二ページ）

（13）Ebd., S. 308.（同書、二三八ページ）

（14）Ebd., S. 301, 319.（同書、二二七ページ、二五三ページ）

（15）　Fred Neuhouser, *Fichtes Theory of Subjectivity*, Cambridge 1990. 自己産出的な活動というフィヒテの考えに対するルカーチの依存については、Michael Löwy, *Georg Lukács — From Romanticism to Bolshevism*, London 1979, Kap. 11. を参照。

（16）　Jürgen Habermas, *Theorie des kommunikativen Handelns*, Bd. 1, Frankfurt/M. 1981, S. 486ff.（藤沢賢一郎・岩倉正博・徳永恂・平野嘉彦・山口節郎訳、『コミュニケイション的行為の理論（中）』、未來社、一九八六年、一二四ページ以下）

（17）　これは、『コミュニケーション的行為の理論』で物象化批判を再びとり上げた際に、ハーバーマスが従った戦略である。Jürgen Habermas, *Theorie des kommunikativen Handelns*, Bd. 2, Frankfurt/M. 1981, Kap. VI und VIII.（丸山高司・丸山徳次・厚東洋輔・森田数美・馬場孚瑳江・脇圭平訳、『コミュニケイション的行為の理論（下）』、未來社、一九八七年、第六章および第七章）を参照。

第2章　ルカーチからハイデガー、デューイへ

すでに示してきたように、ルカーチは人間的実践の「真の」、歪められていない形態へと立ち戻るという自らの立場を理解させるために、物象化批判の展開にあたって暗に対立しあう二つの選択肢を提供している。まず「公式の」見解のなかでは彼は、包括的実践――そこにおいてはあらゆる現実が結局のところ種の活動によって産み出される――という理念と引きくらべながら、物象化をもたらす「第二の自然」へと凝固した習慣行動 Praktik を批判しているように見える。この第一のモデルが観念論的な諸前提に立脚していることをまったく度外視したとしても、そこではあらゆる客体の存在、産出されたものではないものの存在も物象化の一事例となるがゆえに、それは破綻せざるをえない。それに対して、第二の選択肢においてはじめてルカーチは、「物象化」として彼がまとめて記述している、切り縮められた、すなわち単に「観察する」だけの習慣行動や態度の様式について彼自身が述べている事柄に、より真剣に向きあっているように思われる。というのも、テクストのなかに十分典拠が見いだせるこの「非公式の」アプロー

チにおいては、物象化する態度がもつ欠陥が、積極的な共感と実存的な関与が有する特性によって特徴づけられている実践の理念と引きくらべて判定されているからである。ここには、観念論的な共振音はまったくない。なぜなら、世界を産出する活動性よりも、特定の形態の相互行為が問題になっているからである。そういった考察に含まれている示唆に従うとき、われわれは、ルカーチのテクストが成立したすぐ後にジョン・デューイとマルティン・ハイデガーによっても展開された考え[1]との、驚くべき類似性と出会うのである。そして、時代の地平を現代にまで延ばせば、その思考の歩みが物象化批判に関するルカーチの第二の見解と関連している著作家たちの列に、スタンリー・キャヴェルを迎え入れてもさしつかえなかろう[2]。さしあたり私は、共感的実践という大づかみに示された概念を明らかにするために、ルカーチとハイデガーが収斂する点に集中しようと思う。

ルカーチの論考とハイデガーの『存在と時間』との間には少なからぬ点で共通点が見いだせるという事情については、過去においてすでにたびたび指摘されてきた[3]。そしてこのような精神的な「選択的親和性」は、さらに一九二四年に行なわれたハイデガーのアリストテレス講義を引きあいに出せば[4]、よりはっきりとしてくる。二人の著者の最初の一致点を適切に認識できるようになるためには、まずは、ルカーチはその論考によって資本主義的経済形態の物象化効果を批判しようとしただけではない、ということを指摘しておく必要がある。すなわち彼にとって同じくらいに重要であったのは、次の点を立証することだったのである。つまり、近代の哲学が解決できない二律背反に何度もくりかえし突きあたらざるをえなかったのは、それが物象化された日常文化に根ざすことで主体と客体の対立図式にとりつかれたままになってきたからなのである(5)。主体－客体の二元論に固着しているという点を導きの糸にして近代哲学を批判しようとする同じもくろみが、ハイデガーにおいても出発点として見いだせる。すなわち、ルカーチ同様『存在と時間』の著者もまた、現実を中立的に理解するという観念が優位を占めたことが、人間の現存在の構造への問いに適切に答えることを妨げてきた存在論的欺瞞の原因であると確信していたのである。もちろんこの関連においてハイデガーはルカーチのさらなるもくろみを共有してはおらず、主体－客体図式の哲学的特権化をそれ自体さらに資本主義社会の物象化された生活形態へと還元しようとはしない。社会理論的考察はハイデガーには常に疎遠であり続けたので、彼は自らが批判する存在論の伝統をその社会的な根源へと遡及しつつ問う試みは、これっぽっちも引き受けなかった。しかし、認識する主体を世界に対して中立的に対立させるような支配的観念を侵食あるいは「破壊」しようとする意図の点では、二人の著者は根本的に一致している。それは、彼らがともに代替的見解を提示せずにはいられないほどの一致である。

ハイデガーは周知のようにこの課題を、日常生活の遂行のなかで世界は常にすでに開示されているという事実を示そうとする、実存論的・現象学的分析によって果たす。われわれは通常、認識する主体の態度において現実に対峙しているのではまったくなく、あらかじめ常にすでに現実の克服を心がけており、現実はわれわれに対して実践的意味を有する領野として与えられているのである。そのような実践的関連の構造を特徴づけるためにハイデガーが用いるのが、「気遣い(Sorge)」の概念である。[6]その概念によって、拡張された実践の概念を単に傍観する態度との対比から獲得しようと試みるルカーチの考察との、橋渡しがなされるのである。すなわち、ハイデガーにおける「気遣い」の概念と同様、共感的実践という理念は、ルカーチにとっても主体‐客体図式への支配的な固着を根本的に反駁するための鍵を提供するものであった。というのも、そのような種類の行為形態を前提にすれば、主体はもはや認識される現実に中立的に対峙するのではなく、実存的関心をもって現実に関与し、現実は常にすでに質的意味において開示されるからである。とはいうものの、二人の著者のこの第二の一致点において、ルカーチはハイデガーとはやはりまったく異なったやり方をしている、という点を考慮することが重要である。一方で『存在と時間』の著者が示そうとしているのは、従来の存在論の唯心論的用語は、われわれの日常的現存在が事実としてもっている気遣いという性質へのまなざしをさえぎるだけである、ということであった。他方でルカーチは明らかに、資本主義において進行する物象化は、共感的実践を実現するあらゆる機会をすでに破壊してしまったという、まったく異なった前提から出発するのである。したがって、おそらく彼は自らの企てを、常にすでに与えられている人間の存在形態の開示としてではなく、未来においていつか可能になる人間の存在形態の見取り図として理解している、と言えよう。こういった方法的相違から、伝統的存在論の問題に関して次のような結果が生じるであろう。すなわち、ルカーチはハイデガーとは異なって、伝統的存在論の支配的地位を実際に存在する現実に沿って反駁できるとはまったく考えておらず、むしろ彼はその存在論のなかに、物象化された状況にふさわしい表現を認めざるをえないのであり、そういった状況は、資本主義的社会形態を克服してはじめて実際に止揚されうるのである。

こうした複雑な関係を見ることで、ルカーチのテクストが提起しているきわめて重大な問題の一つが明るみに出る。すなわち、より仔細に見ると、物象化の過程が「真の」、共感的実践の要素のすべてをすでに除外してしまっている、という結論に彼の議論が実際に至っているかどうかは、まったく明らかではないのである。というのも、とりわけプロレタリアートの「自覚」について論じている彼の論考の最終章には、正反対の印象を与える箇所が数多く見いだせるからである。そこではルカーチはフィヒテに強く依拠して、物象化された状況の止揚は、労働者階級が自分たちが実際に常にすでに行なってきた産出行為の事実を自覚する、そういった行為としてのみ考えることができる、ということを示そうと試みている。プロレタリアートは極限まで貶められ客体化された生活を送っている、まさにそれゆえに、弁証法的な思考の歩みに従えば、そこにおいていわば自発的な方向転換を通じて「社会的対象はモノではなく、人々の間の関係である」(7)という認識が出現せざるをえないのである。われわれがこの歴史哲学的思弁から再び過剰な観念論をすべて除去し、それを実態に即した核心へと還元すれば、そこには次のような確言が残る。すなわち、物象化されていない別の実践形態は、物象化の諸条件のもとで決して除外されているのではなく、意識から遠ざけられているだけなのである。ハイデガーと同様ルカーチもまた、物象化された状況とは、単に誤った解釈枠組み、すなわち人間の本当の存在様式があるという事実を隠す存在論的なヴェールを表わしているのである、という認識を受けいれているのではなかろうか。

以上のような解釈の提案——ルカーチのテクストに対しては、それ以外の有意義な解釈の提案などほとんどないのだが——に従うなら、二人の思想家は実践概念のそのつどの位置づけという点で、事実上大いに一致していたということになる。ルカーチは共感的実践を暗示する箇所で、ハイデガーの「気遣い」という概念と同様、人間的な生活様式をその構造にしたがって特徴づける実践的志向の形態を示そうとしている。というのも、「第二の自然」となった支配的な考え——それによれば、人間は何よりも常に、現実の認知的、中立的把握に努めているのであるが——とは異なって、人間は自らの生を実際に実存的共感の様態で、すなわち世界を意味に満ちたものとして開示させる「配慮」の様態で遂行するからである。人間的実践のこの基本的特質は、ルカーチが仮定するように商品交換の拡張によって広範囲にわたって物象化の手に落ちてしまった社会状況においても、なお痕跡として認められるに違いない。さもなければルカーチは、物象化された社会関係を突き抜けて実践的共感の事実性を明るみに出すためには、（決して予見でも想起でもなく）自覚という一つの行為だけが必要である、と主張することはできないであろう。その限りにおいて二人の思想家は、存在論的に眩惑され誤った現在のただなかでも、配慮と実存的関与によって特徴づけられている人間的生活形態の基本的構造は常にすでに現存しているに違いない、という確信を共有している。

もちろんさらなる帰結として以上のような類似性から、ルカーチとハイデガーは第三の決定的な点においても一致しているに違いない、という判断が生じる。確かに私はこれまでのルカーチの物象化概念の再構成のなかで、ルカーチにとっては「物象化」とは単なるカテゴリー・エラーでもなければ道徳的な規則違反でもなく、誤った「態度」ないし習慣、すなわち習慣化された実践形態を示している、としてきた。しかしこのような再構成が完全に正しいとは言えないのは、二人の著者がともに、即物化された物的な関係についての表象が、単に解釈上のヴェールのように実際に存在している配慮や共感の事実を覆い隠している、と考える点で一致しているからである。すなわちルカーチもまたこうした前提のもとで、物象化は習慣化された実践の誤った形態ではなく、痕跡として常に与えられている「正しい」実践に関する誤った解釈習慣を表わしている、と見なしているはずである。したがって「物象化された」状況について語ろうとするならば、そのことが意味するのは、日常のなかで彼らがそもそも常にすでに実行している実践についての誤った把握の責めを、そのような条件のもとで生きる関係者たちに負わせるということであろう。しかし同時にまたこの誤った解釈は、主体の実際の行為遂行に何の影響も及ぼさないままである、と考えられるべきでもない。なぜなら確かに、ルカーチはハイデガーと同様、主体・客体の分裂の支配、「事物的存在性（Vorhandenheit）」(8)という存在論的図式のヘゲモニーは、破壊的とまではいわないまでも否定的な影響をわれわれの日常の生活実践に及ぼす、と主張するであろうから。以上のようないっそう複雑な関係の結果、二人の思想家は、およそ次のような内容をもつテーゼを支持せざるをえない。すなわち、与えられた物的状態を中立的に把握するというモデルに従って自分自身および環境に対する関係を考える第二の自然となった習慣は、人間の行為実践にも継続的に別の物象化された形を与えるのであるが、しかしその実践がもつ本源的な気遣いという性質が、いつか完全に消失させせられるようなことはありえないであろう。むしろ、前反省的な知や原初的な行為の残滓という形をとって、この前述の特性は常に存在し続けるはずであり、批判的分析はそれをいつでも再び意識にもたらすことができるであろう。そうやって輪郭を与えられたテーゼを完成するために、ルカーチはただ次のような補足をつけ加えればよかろう。すなわち、物象化をもたらす思考習慣は、誤った存在論の優勢からよりも、商品交換の社会的一般化から生じるのである。社会的な習慣行動が共感なき行為の方向へとますます形態変化していくのは、もっぱら計算を事とする交換過程への参加が主体の解釈習慣に及ぼす強制によるのである。

以上のような考察の中間結果とともに、われわれは今や次のような問いに着手できる地点にまでたどり着いた。すなわち、「気遣い」というハイデガーの概念は、ルカーチが自らの物象化批判の根底においた実践観の解明に実際に寄与することができるのか否か、という問いである。そのような実りが期待できるかもしれないという推測がどうしてもおさえきれないのは、ルカーチが自らの理論の第二の代替的解釈のなかで、物象化された、単に観察するだけの態度にはまさしく欠けているように思われる特性を通じてそれを規定しようと試みることによって、本源的実践の構造を特徴づけているからである。すなわち、そのことによって、ハイデガーもまた彼の「気遣い」という概念で言わんとしていた仕方とまったく同様に、人間は元来常に自らの環境に対して共感し関与するようにふるまっているはずである、という結論が生じるのである。そのような結論によって一見すると確かに、単なる観察者の視座に対して今日「参加者の視座」と呼ばれる以上のものは考えられていないように見える。人間的主体は通常、そのつどの相互行為の相手の視座に自らを移しかえ、その相手の願望や態度や考慮を自らの行為の基礎として理解するようになることによって、社会生活に参加するのである。それに対して、このような視座の引き受けが果たされず、それとともに他者に対して単に観察するだけの態度がとられたなら、人間の相互行為の理性的紐帯は、もはや行為の理由についての相互理解に媒介されていないがゆえに、引き裂かれてしまう。(9) したがって、いわゆる参加者の視座を特徴づける二つの要素は、視座の引き受けとそこから生じる行為の理解である。そしてもちろんここでの問題は、そもそもハイデガーが「気遣い」の概念によって、そしてルカーチが「共感的」実践という考えによってめざそうとしていた視点を、こういったとらえ方がずばり言い当てているかどうかである。二人の思想家が主体‐客体図式の優越に対する批判と結びつける直観は、人間の生活実践においては参加者の視座は常に単なる観察者の立場より必然的に優位を占めている、というテーゼに適切かつ十全に翻訳できるであろうか？　さしあたりすでに次のような事情が、それを否定している。すなわち、ハイデガー、そしてルカーチも、彼らのそのつどの実践概念を、同胞との関わりと同様、他の環境との関わりにも及ぶものと理解されることを願っている、という事情である。「気遣い」や「共感」という態度は、彼らの考えによると、人間のあいだの相互行為における他の主体だけでなく、人間的実践の状況連関に属する限りにおいて原理的にあらゆる対象にあてはまるものなのである。ここで用いられた「対象」というカテゴリーからして、そもそもハイデガーは拒否するであろう。なぜなら、それはあまりにも主体と客体の対立という存在論的図式にとらわれたままになっているからである。(10) しかし、その外延だけでなく内包においても、ルカーチとハイデガーが用いている概念は、参加者の視座という考えにおいて確認されるもの以上の、あるいはそれとは別の内容が含まれているように思われる。というのも、「気遣い」や「共感」は、確かに視座の引き受け行為も示してはいるが、しかしさらにこの行為に、行為の理由の理解という考えにおいては用いられない要素、すなわち情緒的に関係づけられているという、それどころか前もって肯定的態度をとっているという要素をつけ加える表現なのである。[11] それによって、われわれの二人の著述家の直観を、今日「コミュニケーション的」ないし「志向的」態度という概念の助けを借りた原理的考察において定式化されるものから分かつ、紙一重ではあるがそれだけいっそう決定的な境界が印づけられるのである。一方はそのような概念により、人間は一般に二人称の役割に身を置きつつ相手を認識しあうことによって互いにコミュニケートする、という事情に注意を喚起しようとするのに対して、ルカーチとハイデガーが説明しようと試みているのは、そのような間主観的態度は前もって常に肯定的支持（Befürwortung）の、実存的好意の契機において結びつけられており、そういった契機は理性的に動機づけられていることに求めても十分には明らかにされない、という考えなのである。

こういったテーゼで何を言わんとしているのかを正確に理解するために、彼らの根本思想をいまいちど全体にわたってはっきりと認識しておくことが有意義である。主張されているのは、まさに以下のようなことである。すなわち、人間の自己と世界に対する関係は、発生的にのみならずカテゴリー的にもまず第一に支持する（befürworten）という態度と結びついており、その後になって別の、感情的に中立的な志向がそこから生じることができるのである。そのような前提を基礎にして、原初的に与えられた支持するという態度の放棄は、そこでは環境の諸要素がもはや物的な存在としてしか、まさに単なる「事物的存在者（Vorhandenes）」としてしか経験されないような環境への態度をもたらさざるをえない、と考えることにより、われわれの主要なテーマへと立ち戻ることができる。したがってここでは「物象化」とは、それを引き受けることにより主体は関心をもって共感する能力を失い、その環境もわれわれに対して質的に開かれているという性質を喪失するような思考習慣、習慣的に硬化した視座のことである。このように定義することで説明を試みることが「物象化」という概念を今日使用可能なものにするかどうかをさらに問う前に、私はさしあたりその定義の根底にある前提を正当化するよう試みねばならない。すなわちそれは、気遣いという態度は単に発生的にだけではなく、概念的にも現実の中立的把握より優位にある、というテーゼである。次の段階で私は、そのように輪郭を与えられた主張を、別の理論用語の助けを借りて再定式化したい。それは、ハイデガーの「気遣い」という概念をヘーゲルに端を発する「承認（Anerkennung）」というカテゴリーに注意深くとりかえることによって行なわれる。こうした道をたどるなかで、人間の自己と世界に対する関係において、支持的で承認的な態度は発生的にもカテゴリー的にも他のあらゆる態度に先行する、というテーゼを基礎づけることができるように私には思われる。それを示して初めて私は、いかにしてわれわれは今日ルカーチの「物象化」概念を有意義な形で再びとりあげることができるのか、という主要な問いに立ち戻ることができるのである。しかし私はさしあたり、「承認」というカテゴリーへの橋渡しとしてジョン・デューイの思想の歩みを利用したい。そこにおいては、ルカーチとハイデガーによる考察がさらに別の仕方で定式化されるのである。

ともに『歴史と階級意識』刊行後ほどなくして発表された二つの魅力的な論考のなかで、[12]ジョン・デューイは彼独自の理論の語彙で、人間の世界との本源的関係についての構想を粗述している。それは、驚くほど多くの点でルカーチやハイデガーの見解と似通っている。デューイによる考察は、次のような主張へと至る。あらゆる理性的な現実把握は、前もって経験の全体論的形態と結びつけられており、そこにおいては状況のなかで与えられているすべてのものは、関心をもった共感という視座からわれわれに質的に開かれているのである。われわれがこの思想の歩みを十分に先まで追っていくなら、「気遣い」という概念から「承認」という概念への移行が正当化されうるだけでなく、そうした承認が世界に対する単なる認知的態度すべてに優越するということが証明されうるのである。

ルカーチやハイデガーと同様デューイもまた、次のような伝統的理解に対して、きわめて懐疑的に対立している。つまりそれは、世界に対するわれわれの第一の関係は、認識されるべき客体との中立的対峙という関係であるとする考え方である。確かに彼は、こうした教義を特徴づけるにあたって「物象化」の概念を用いていないし、ハイデガーの世界観的パトスともほど遠いところにいるが、しかし実態に即して見るなら彼は二人の思想家と、主体‐客体モデルの優勢は社会的な自己理解に由々しき結果をもたらさずにはいられない、という点ですら意見が一致している。支配的な思考が従来の主体と客体の対立になおも固執すればするほど、われわれの社会的生活実践は強く傷を負うのである。なぜなら、認識と感情、理論と実践、学問と芸術は、ますます互いから引き裂かれるからである[13]。もちろん、デューイが認識の「傍観者モデル」に対する自らの批判に与えた根拠づけは[14]、ルカーチやハイデガーのそれよりもはるかに直截で仰々しくないものとなる。文化批判的なまわりくどさなしに、彼は言語論的、認識論的論拠を援用して、あらゆる理性的認識の端緒には実践的に克服されねばならない環境についての多感な経験が存在することを示そうとする。デューイは、自らの説明を次のように始める。存在に関するあらゆる言明は、その認知のための根源を「『行為する主体に対する』内的な複雑性にもかかわらず、どこまでも単一の質によって支配され特徴づけられる[15]」状況のなかにもっている、と。他の人格との相互作用が問題になっていようと、物的な対象との関係が問題になっていようと、状況のなかで与えられたものは、常にまず最初に一定の経験の質という光にさらされるのであり、そういった経験の質は、感情的、認知的、意志的要素での区別を認めない。というのも、われわれがそのような瞬間に経験するもの、そのような状況の「気分」（ハイデガー）を形成するものは、われわれがさしあたり一定の側面を強調することができないほど包括的なやり方で、われわれの自分自身との関係や世界との関係を支配するからである。われわれのすべての体験がもつこのような根源的な質についてこそ、デューイは次のような事実を引きあいに出すのである。つまり、われわれが行為する存在として世界に関係づけられているのは、まず第一にそこから実存的に隔たることなく、そこへと実践的に関与していくというあり方においてである、という事実である。他の場所では彼は、同じ事情を表わすために「相互作用」という概念を用いている[16]。その概念は、自身にかまけた自己中心的な態度ではなく、可能な限り摩擦のない調和的な交換のために、状況において与えられたすべてのものを気にかけるということが重要なのだという点をはっきりさせる。われわれにとって世界は、われわれ自身を心配することにおいて開かれているのではなく、むしろわれわれは、よどみなく環境との相互作用を維持することに気を配りながら、状況を経験しているのである。私は、世界と関連づけられているこの根源的な形態を、これから「承認」と名づけようと思う。ここではさしあたり、それによって次のような事情を強調するにとどめたい。すなわち、われわれはわれわれの行為において、感情的に中立化された認識という態度で前もって世界と関わるのではなく、どこまでも実存的な色合いを帯びた支持的な心配りという態度で関わるのである。われわれは何よりも常に、われわれをとり囲む世界において与えられたものに、われわれとの関係に心を配らせる固有の価値を認める。その限りにおいて、このような根源的な水準において「承認」という概念は、単にデューイの「実践的関与」だけではなくハイデガーの「気遣い」

やルカーチの「共感」とも、世界への実存的関心の先行性という同じ根本思想を共有しているのである。そういった関心は、世界には価値があると思う経験から発する。[17] 承認する態度とはしたがって、他の人格や事物がわれわれの生活の遂行に対して有する質的意味を尊重することなのである。

デューイはさらに説明を続けて、次のことを示そうとする。すなわち、われわれは、距離をとるという行為を通じて状況の質的統一から引き離された後に初めて、生きられた状況の理性的細分化に至ることができるのである。われわれが行為に関わる問題を知的に克服するにあたって必要とする分析的構成要素は、われわれがまず単一の気分とあわさって分かたれることなく経験していた構成要素を後になってそれぞれ分離する反省的な試みから生じるのである。このとき初めて状況の二次的「加工」において、感情的要素と認知的要素への分解が起こることで、認識対象が蒸留されることになり、それに対して行為する個人が感情的に中立化されて主体として対立できるのである。以前は概して直接経験にかまけていた主体の注意力のすべては、今や認知的エネルギーとして、問題の知的克服へと主体を集中させることができる。そうした問題は、突出した存在として他の所与のものすべてを背後に斥けるのである。しかし、根源的で質的な経験内容は――とデューイは、倦むことなく強調するのであるが――この抽象の認知的プロセスのなかで失われてはならない。なぜならさもなくば、単に存在する対象や「与件[18]」という有害な虚構が成立するからである。すなわち、反省という努力を開始するにあたってどのような気分が存在したのかを忘れるや否や、われわれは、そもそも最初に何のために反省を始めたのかを見失ってしまうのである。われわれの思考作業の目標を見失わないために、質的体験におけるその起源は常に背景として意識され続けねばならないのである。

デューイはこの要求を、認識対象を固定しようと試みるにあたっての言語的抽象行為の例と彼が考える、単純な陳述に即して説明する。主語・述語形式をとる任意の言明をとり上げてみれば、その言語的形態は、その場合ある特性が所与の存在に単に付加語として添えられたかのように推察させる。したがって陳述の形式のままにしておくと、特性が一見すると独立している存在とそもそもどんな関係にあるというのかが、存在論的に結局は見通せないままになる。この謎は、述語的言明が出発点である質的経験からの抽象の試みに基づいているということを、振り返りつつはっきりと理解して初めて解かれるのである。すなわち、その場合には、主語と述語が「相関的に」補いあっていることがはっきりとする。というのも、それらはもともと質的に体験された関与の運動方向を指し示しているからである。(19) 明らかにハイデガーの「道具的存在性(Zuhadenheit)」と「事物的存在性(Vorhandenheit)」の区別を思わせるやり方で、デューイは「人はすべて死すべきものである(Man is mortal.)」という陳述を例にとって、もう一度自らの論拠を説明する。この言明は、われわれがそれを言語的抽象過程の端緒にあった「人間の運命」に関する「気遣い」を表明している「人々が死ぬ（Men die.）」という、もともとあった過渡的な文の形へと変えたとき、初めて単に付加語を付与しただけのように思わせる性質を失う[20]。

デューイは明らかに、人間が述語によって規定されるすべての言明は、そのようなモデルに従って解読されうると信じている。彼にとってそのような陳述は常に、われわれが人々に対して、承認という日常的態度のなかで彼らと出会う場合に感じる、不安や配慮、希望を客体化するように言い換えた結果でしかない。この出発点において、のちの叙述文の二つの文節はなお「相関的に」互いに関係づけられている。なぜならそれらは、それらの協働においてのみわれわれの心配の方向を明らかにする、黙せる経験の質を形づくっているからである。われわれが実存的共感において先取りする質的作用から独立していると言われるような、「人間」と題された、明確に輪郭を描かれ確定した存在など、ここではすでに「存在する」わけではない。そのような経験が一般的な叙述文に変換されてはじめて、体験された人物と感知された作用との間にそれ以前はあった、円環的関連が引き裂かれるのである。そして今や、あたかもまったく特性のない人間が「存在する」かのような存在論的虚構が生まれる。というのもわれわれは、実際は陳述のなかで初めて述語として人間に特性を付与するからである。したがって、字句内容ではなく事柄に即してまたしてもハイデガーを思わせる表現のなかで、デューイはのちのウィルフリド・セラーズと同様、『与件』という偽りの観念」について語っている。「詳細な規定なしに与えられている唯一のものは、全体の一貫した質である。それを『与件』と呼ぶことに反対する理由は、その言葉が、精神であれ思考であれ意識であれ何であれ、それがそこに与えられている何ものかを、そして場合によっては与える何ものかを示唆するからである。実際は、この関連において『与件』とは、質は直接存在する、あるいは理屈抜きにそこにある、ということを意味している。このような性質において、それは思考の全対象が関係するものを形づくっている（…）。[21]」以上のような思考の歩みをふまえて、私は今や次のような主張を呈示してみようと思う。すなわち、承認は認識に対して発生的にも概念的にも優位を占める、という主張である。

（1）私は、Martin Heidegger, *Sein und Zeit*, Tübingen 1967（11. Aufl.）（原佑・渡辺二郎訳、『世界の名著62　ハイデガー』、中央公論社、一九七一年）; John Dewey, »Qualitatives Denken«（1930）, in: ders., *Philosophie und Zivilisation*, Frankfurt/M. 2003, S. 94-116; ders., »Affektives Denken«（1926）, ebd., S. 117-124. に依拠している。

（2）Stanley Cavell, »Wissen und Anerkennen«, in: ders., *Die Unheimlichkeit des Gewöhnlichen*, hg. v. Davide Sparti und Espen Hammer, Frankfurt/M. 2003, S. 34-75. 本書の第3章も参照。

（3）とりわけ、Lucien Goldman, *Lukács und Heidegger. Nachgelassene Fragmente*, Darmstadt/Neuwied 1975.（川俣晃自訳、『ルカーチとハイデガー――新しい哲学のために』、法政大学出版局、一九七六年）を参照。ゴルドマンはまた、ハイデガーがはっきりと「物象化」について語り、その際おそらくルカーチの有名なテクストを引きあいに出していたであろう、『存在と時間』における両方の場所（a. a. O., S. 46, S. 437　邦訳、一二六ページ、六六一―六六二ページ）について論じている。Lucien Goldman, *Lukács und Heidegger. Nachgelassene Fragmente*, a. a. O., S. 113ff.（邦訳、一五五ページ以下）

（4）Martin Heidegger, *Grundbegriffe der aristotelischen Philosophie*, in: ders., Gesamtausgabe, 11, Abteilung, Bd. 18, Frankfurt/M. 2002.

（5）Georg Lukács, »Die Verdinglichung und das Bewußtsein des Proletariats«, in: ders., *Geschichte und Klassenbewußtsein*（1923）, Werke,

Band 2 (Früschriften II), Neuwied und Berlin 1968, S. 257-397, hier S. 287-331.（訳書、一五九―三六六ページ。この箇所は、二〇五―二七一ページ）

（6） Heidegger, *Sein und Zeit*, a. a. O., S. 57 u. § 41（邦訳、一四〇―一四一ページ、および第四十一節）; ders., *Grundbegriffe der aristotelischen Philosophie*, a. a. O., S. 55ff.

（7） Georg Lukács, »Die Verdinglichung und das Bewußtsein des Proletariats«, a. a. O., S. 366.（同書、三二一ページ）

（8） ハイデガーにおける「事物的存在性」という図式については、Heidegger, *Sein und Zeit*, a. a. O., S. 55ff. を参照。また、Hubert L. Dreyfus, *Being-in-the-World. A Commentary on Heidegger's Being and Time, Division I*, Cambridge（Mass.）1991, Kap. 4.（門脇俊介他訳、『世界内存在――『存在と時間』における日常性の解釈学』、産業図書、二〇〇〇年）の、ハイデガーにおける「道具的存在性（Zuhandenheit）」と「事物的存在性」の対立に関する有用な説明も参照。

（9）「参加者の視座」という考えについては特にJürgen Habermas, »Was heißt Universalpragmatik?«, in: ders., *Vorstudien und Ergänzungen zur Theorie des kommunikativen Handelns*, Frankfurt/M. 1984, S. 353-440; Daniel C. Dennett, *The Intentional Stance*, Cambridge（Mass.）1987. を参照。

（10） ハイデガーは、自らの現存在分析の存在論的次元においては、「対象（Gegenstand）」という概念および「物（Ding）」という概念を避けている。そのかわりに彼は、通常「道具（Zeug）」という概念を「道具的存在者」の補助カテゴリーとして用いる。たとえば、Martin Heidegger, *Sein und Zeit*, a. a. O., S. 68.（邦訳、一五七ページ）を参照。

（11） ハイデガーの「気遣い」という概念に対して、道具的意味内容を超えたこのような前もっての肯定的共感という要素を、ヒューバート・L・ドレイファスも強調している。Hubert L. Dreyfus, *Being-in-the-World*, a. a. O., Kap. 14. を参照。

（12） John Dewey, »Affektives Denken«, a. a. O., S. 117-125; ders., »Qualitatives Denken«, a. a. O., S. 94-116.

（13） たとえば、John Dewey, »Affektives Denken«, a. a. O., S. 117. の序文を参照。

（14） とりわけ、John Dewey, *Die Suche nach Gewißheit*, Frankfurt/M. 1998, S. 27ff. を参照。

（15） John Dewey, »Qualitatives Denken«, a. a. O., S. 97.

（16） たとえば、John Dewey, *Erfahrung und Natur*, Frankfurt/M. 1995, v. a. Kap. 5. を参照。

(17) このような解釈に従えば、ハイデガーにおける「気遣い」もまた、エルンスト・トゥーゲントハットが自らの解釈のなかで呈示したのとは異なって（Ernst Tugendhat, »Schwierigkeiten in Heideggers Umweltanalyse«, in: ders., *Aufsätze. 1992-2000*, Frankfurt/M. 2001, S. 109-137)、対象の内的要求を顧慮することも常に問題になる限り、脱中心化の要素を常にもっている。

(18) John Dewey, »Qualitatives Denken«, a. a. O., S. 107.

(19) Ebd., S. 106.

(20) Ebd., S. 106.

(21) Ebd., S. 107.

第3章　承認の優位

共感的態度が中立的現実把握に先行する、すなわち承認が認識に先行するというテーゼを納得できるものにするために、私はこれまでもっぱらそのなかで考えてきた理論史的枠組から離れねばならない。哲学的権威を単に引きあいに出すことなく、実存的関与の層が実際、客体化してかかわるわれわれの世界との関係すべての根底をなしているという事実を示すことができるためには、今や若干の独立した証拠や論拠が必要となるのである。すなわち、こういった中間段階を経てはじめて、「物象化」の概念がルカーチの直観を承認論的に維持することができるとすれば、その概念とはいったいどういったものなのか、ということについての概略が、おそらくは示されうるのである。対照をなすものとして私は再び、人間のふるまいの特殊性は視座の引き受けというコミュニケーション的な立場にある、とするテーゼを利用しようと思う。それに対して私は、理性的な視座の引き受けを可能にするこのような能力はそれ自体、実存的な配慮という性質をもった先行する相互作用に根ざしている、と主張したい。私は、そうやって暗示された推測を、視座の引き受けを可能にする能力を子どもが獲得する際の諸前提を視野に収めることによって、さしあたり発生的な観点から確証し（1）、その後に、体系的ないしカテゴリー的に証明するというはるかに困難な課題に着手したい（2）。

（1）発達心理学や社会化研究の内部では、すでに久しく次の点に関して一般的に合意がなされている。すなわち、子どもの思考能力や相互行為能力の成り立ちは、視座の引き受けというメカニズムによって生じる過程として考えられねばならない、という点である。ピアジェとG・H・ミード[1]、あるいはドナルド・デイヴィッドソンとフロイト[2]の統合に基づいているこのような考えに従えば、子どもの発達過程では認知的能力の獲得は、もともと最初のコミュニケーション関係の形成と絡みあっている。子どもは、二人称の視座から、自らのさしあたり自己中心的な視座を徐々に脱中心化していくことによって、恒常的な対象をそなえた客観的世界に関係するようになるのである。乳児が早くからすでに、自らが準拠する人物とコミュニケーション関係に入り、その人のまなざしを要求し、それを意味のある対象に向けさせはじめるという事実は、これらの理論によって、環境世界に対する他の見方の独立性がテストされる実験的検証の段階を指し示すものと解される。そして、この二人称の視座に身をおき、そしてまたそこから環境を認識することに成功するのに応じて、乳児は、初めて対象についての脱人格化された客観的表象を獲得させる、正しさを判断させる際の審級を手中にすることができるとされる。今日では一般的に、子どもがそのような三角測量ができる時点[3]は、生まれて九か月目とされる。そのことから、最近の研究では「九か月革命[4]」などとも言われるのである。というのもこの年齢で、準拠する人物を、その環境世界に対する態度が同じく目標に向けられ、それゆえに自らの態度と同じくらい大きな意味をもつ、意図をもった行為者として認識する能力が獲得されるからである。

ジョージ・H・ミードもしくはドナルド・デイヴィッドソンとともに、シンボル的思考が成立するためには視座の引き受けが必要であることを強調する以上のような発達心理学的理論すべてにおいてここで注目すべきことは、それらがいかに子どもと準拠する人物との関係における感情的側面を無視しているか、である。ミードにおいてすでに、具体的な他者の視座を引き受ける初期の段階を、その際あたかもその他者と子どもとが感情的に強く結びついていることが何の重要な役割も果たしていないかのように考える、という一定の傾向が見られる[5]。全体に、精神活動の成立を準拠する人物とのコミュニケーション関係から説明しようとする試みの圧倒的多数において、認知主義の傾向が支配している。すなわち、原初的会話の段階を脱した後に二人称の視座の独立性を予感するや否や、子どもが積極的にそこに身を移そうとする三角関係が、どこまでも感情を欠いた空間として考えられるのである。最近になって初めていくつかの新たな研究が、自閉症児の症例を対比的に引きあいに出して、この認知主義的な抽象化を撤回しようと試みてきた。その際、驚くほど例外なしに明らかになってきたのは、次の事実である。すなわち、幼児は、準拠する人物の態度を正しさを判断する際の審級と認める前に、あらかじめその人物と感情的に同一化していなければならない、という事実である。私は、そういった類の研究成果を受けて、認識に対する承認の個体発生上の優位を証明したいと思う。

たった今言及された研究に、幼児が相互行為を行ない始める際の感情的要素に対して、より強く感応することを可能にしてきたのは、おそらく自閉症児との経験的比較であろう。というのもここでは概して自閉症発症の原因と見なされるのは、さまざまな、たいていは体質的障壁のせいで、幼児が自らの準拠する最初の人物との紐帯感を展開することが阻まれているという事実である。それに対して通常の場合は――と、たとえばピーター・ホブソンあるいはまたマイケル・トマセロは主張するのだが――他者とのそのような感情的同一化は、シンボル的思考を展開できるようにする視座の引き受けを可能にするための、必要不可欠の前提なのである(6)。これらの研究の出発点をなすのは、認識中心のアプローチも視野に入れている、一次的間主観性から二次的間主観性への移行という同じプロセスなのである。子どもはほぼ九か月の頃に、その相互行為のあり方において一連のめざましい進歩を成し遂げる。たとえばそれは、準拠する人物と一緒にそれを見るためだけに、今や子どもは原叙述的（protodeklarative）身振りによって、その準拠する人物の注意を対象に向けさせることができる、という点にある。さらに彼ないし彼女は初めて、表現豊かなふるまい方によって重要な対象に対する態度をとることができ、眼前の具体的な他者は、そういったふるまい方を手がかりにして対象に反応することになるのである。最後に子どもは、シンボル的遊戯行為、すなわちミードが名づけた「ごっこ遊び（play）」を遂行するなかで、対象がもつこれまで慣れ親しんできた意味から距離をとり、次にそれを他の対象に転用する――その際、その対象に新たに借用された機能と創造的にかかわることができる――ということを次第に会得するように思われる。そのような、あるいはそれに類する学習段階を確認するという点で、私がこれまで区別してきた二つの理論的アプローチは、すでに述べたように大幅に一致する。すなわち、それらはともに、それを通じて子どもが二人称の視座から対象を、客観的な、自らの立場とは独立した世界にある存在として認知することを徐々に学ぶ、コミュニケーション的交わりの発達へと注意を向けているのである。しかし、認識中心のアプローチとは異なって、今やホブソンとトマセロは次のように主張する。子どもは、もし前もって自らが準拠する人物との紐帯感を発達させていなければ、これら相互行為の学習過程すべてを遂行できないであろう、と。なぜなら、そのような先行する同一化によってはじめて、子どもは相手の態度変更を興味をもって追体験できるような仕方で、具体的な他者の存在によって動かされ、感動させられ、動機づけられることが可能になるからである。

この理論に特有の性質は、自閉症の説明における相違にもう一度目を向けると、もっとも適切に明らかになるかもしれない。従来の認識中心のアプローチが、自閉症的態度の発生の原因を、思考や言語の機能の流れと関連する認知障害に求めざるをえないのに対して、トマセロとホブソンは、決定的な原因として、目の前にいる準拠する人物の感情に対する子どもの感応能力の不足を引きあいに出す。このような無関心もまた、確かにそれ自体脳生理学的あるいは遺伝学的に引き起こされているのかもしれないが、しかしそれでもなお、子どもが具体的な他者との同一化を構造的に妨げられているという事実は、依然として決定的である。すでに私のそもそものテーマとの橋渡しをするやり方で、マルティン・ドルネスは自閉症に関するこういった情動面に気を配る説明の成果を要約している。すなわち、自閉症の子どもは「感情的に感応能力がない」がゆえに、「世界に対する自らの視座にとらわれたままであり、他の視座を知るに至らないのである。彼／彼女は、顔の表情や動作、コミュニケーション的な身振りのなかに諸々の態度が表現されていることを認めない、あるいはより正確に言えば感じないのである。彼／彼女は、そのような表現がもつ表出的・精神的内実に対して、あるいは人がそのようにも言うように、その意味に対して、盲目的なのである。したがって、その乳児は、認知障害のゆえに『精神的に盲目』なのではない。彼／彼女は、何よりも感情的に盲目であるがゆえに精神的に盲目なのである。」(7)

ここでちょっと触れておくと、テオドール・W・アドルノもまた、自らの著作のいくつかの場所でそういった類の考察を行なっている。とりわけ『ミニマ・モラリア』と『否定弁証法』においては、彼がホブソンやトマセロと似たやり方で、人間の精神の成立を準拠する愛する人物を早期に模倣するという仮定と結びつけていることが読みとれる表現が、再三見いだされる。『ミニマ・モラリア』のある有名なアフォリズムでは、このように書かれている。「人間は他人を模倣することで、はじめて人間となる」、つまり精神的存在となる、と。そしてすぐに続いて、そのような模倣は「愛の原形」である、という文言が読みとれる。(8) ここで問題となっているのは、二人の別の著者たちも子どもの精神的学習過程の出発点と見なしているのと同じ脱中心化、すなわち、一種の実存的な、むしろ感情的と言うべき他者への関与なのであり、それがあって初めて、世界に対する他者の視座が意味のあるものとして経験できるのである。二人称の視座へ自らを移し入れるには、常に無意識的な開放性や献身、あるいは愛の契機を含んでいるがゆえに認知的、認識的な概念では十分に把握することのできない、そうした形態の承認が前もって必要なのである。このような慈しみ、あるいはアドルノが精神分析的に言うような対象へのリビドーの充当があってこそ、幼児は他者の視座の助けを借りて周囲の現実についての拡張された、そしてついには脱人格的な表象を得るようなやり方で、他者の視座に身を移すことができるのである。

もちろん、以上のような発達心理学的考えは、前に私がルカーチとハイデガー、デューイの間のある種の収斂を証明することによって取り出した思想的財産とは、同一視することはできない。そこでは、世界との関係の中立的な形態すべてに対する、共感あるいは承認という一定の態度の一般的優位が問題になっていたのに対して、ここでは、単に時間的な意味において、感情的な感応能力の、間主観的に与えられた対象の認識へと至る歩みに対する優位が問題になっている。したがって、優位性の種類にしても、それについてそのような優位性が主張される特定の性質にしても、両者においては同一ではない。つまり、具体的な他者との感情的紐帯や同一化は、ハイデガーやデューイが意図している、与えられた状況をめぐる原理的配慮とは別物なのである。それにもかかわらず個体発生に関する研究成果からわれわれは、一般的なテーゼが説得力に富むことを明らかにするための最初の手かがりを得ることができる、と私は考える。というのも幼児は、状況のなかで与えられているものが人間にとってもつことができる実存的意味の充溢を、愛する人物の視座に身をおくことによって、はじめて予感するように思われるからである。したがって、準拠する人物との感情的紐帯を通じて、意味にあふれた質のために実践的に関与せざるをえない世界が、幼児に対して開示されるのである。発生と妥当、あるいはマルクス主義的に言えば歴史と論理は、子どもの思考の発生条件がわれわれの世界認識のカテゴリー的意味に何の重要性ももたないままにしておかれるほどに、切り離されてしまってはならないのである。まさしくこのような意味でアドルノは、われわれの知的行為のリビドー的な感情基盤についての自らの言明を理解してほしいと考えていた。子どもが準拠する愛する人物の視座から現実についての客観的理解に至るという事実は、われわれの認識にとって同時に、われわれがたった一つしかない認識対象に対してでも視座をより多く把握することができればできるほど、その認識はより適切に、より正確になるということを意味している。しかし、常に対象の新たな側面を認識させてくれる、このようなさらなる視座の引き受けは、子どもの場合と同様、感情的な開放性や同一化といったほとんど意のままにならない非認識的前提と結びついているのである。それゆえにアドルノにとっては、われわれの認識の正確さは、情緒的承認、すなわちできる限り多くの他の視座の正当性を感情的に認めるという基準で測定されるのである。さてしかし、このような指摘をすることによって私はすでに発達心理学的議論の領域を離れており、気づかぬうちにむしろカテゴリー的な論証領域に入りこんでしまっている。

（2）私がこれまで示そうと思ってきたことはせいぜいのところ、個体発生においては、すなわち時系列的に理解されうる過程においては、承認が認識に先行しなければならないという点でしかない。つまり、先に述べた諸研究が正しいのだとすると、個人の形成過程においては、準拠する人物の視座によって客観的現実の理解に達しうる前に、幼児は何よりもまずその人物たちと同一化し、彼らを感情的に承認していなければならない、ということになる。確かに私は先のアドルノへの言及によって、われわれの思考のこの感情的発生条件は、たぶん思考の妥当基準についてのなにがしかをも意味している、ということをすでに示唆しようとしていた。しかしそのような推測は言うまでもなく、認識に対する承認の優位性について概念的な意味においても語ることができるために必要であろう論証の代わりにはなりえない。ハイデガーとデューイ、そしておそらくルカーチでさえも、人間の世界との知的な関係には、原理的に気遣いや実存的関与といった態度が先行していると主張していたのであり、その際に彼らはそのような類の優位性を視野に収めていた。彼らにとって重要だったのは、このような先行する承認の事実が見失われたとき、われわれの認識の努力は挫折するか、その意味を失うということを証明することであった。ハイデガーの場合、そういった趣旨の主張が現われるのは、彼が事象についての完全に即物化された「科学的」認識ですら、「気遣い」という概念で特徴づける先行する態度の派生体として把握するところである。(9) そしてジョン・デューイの場合には、すべての研究は、自らの努力の「規制原理」を見失わないために、生活世界に根をもつ悩みやいらだちが与える拡散した問題の見取り図に自らが由来するということを意識し続けなければならない、という主張が読みとれる。(10) われわれの世界との知的な関係は、概念的な意味においても承認という態度と結びついている、ということを示すために、私は第三の、われわれのテーマにより近接した道をたどろうと思う。すなわち、スタンリー・キャヴェルが認識と承認の関係に捧げた考察をこの場で引きあいに出すことは、私には当を得ていると思われるのである。

キャヴェルは周知のように、彼自身の承認（acknowledgement）の概念に、次のような考えを批判するという道を経て到達する。その考えとは、われわれは他者の心的状態、いわゆる「他者心理」について、直接の、媒介のない知を所有することができる、というものである。(11) 彼の確信によると、そのような想定の主唱者たちは、彼らの敵対者である懐疑主義者に根本において由来する前提に、あまりにも深く関わりあってきたのである。すなわち懐疑主義者たちは、他者の感情の状態に接近するという問題を常に認識に関わる挑戦として理解してきたので、彼らは確実な知という範疇のなかで解答を要求できたのである。さて、反懐疑主義者たちが、そのようなハンディキャップのもとで懐疑主義を反駁しようと試みる限り、キャヴェルに言わせれば、彼らは必然的に挫折する運命にある。というのも、結局彼らもまた、次のような事実を否定できないからである。すなわちそれは、他者の感情の状態に関するわれわれの知識は、一人称の視座において自分の感情の状態についてもっている知識が帯びるような類の質的確実性をもちえない、という事実である。他の主体への接近を認識関係のモデルに従って記述しようとする試みは、心的な状態においては単に知の対象が問題になっているのではない、という事実を正しく評価していない。ある主体が自らの痛みや嫉妬について「知っている」という主張がすでに、ここで中立的な意味で認識や知について語りうるには、主体はあまりにもこういった状態によって攫《さら》われており、あるいは「串刺しにされて」[12]いる、という事実を忘れさせてしまう。主体は他者との関係においてはそれ自体、対象――主体が伝達するに値する事実という形でそれについての情報を与えるような対象――ではない。キャヴェルがヴィトゲンシュタインに倣って言うように、むしろ主体はその相互行為の相手に向かって、自らの状態に注意を向けさせることによって、その状態を表現するのである。

ここまでの点で、キャヴェルの議論は、サルトルが『存在と無』の第三部で懐疑主義と自ら対決する際に展開した議論と、かなり似通っている。[13] サルトルもまた、他者に対して主として認識的アプローチをするという懐疑主義の前提に固執する限り、他者心理についての懐疑主義を反駁することはできない、という確信を抱いている。すなわち、他者とのそのような類の関係を仮定することは知的確実性という理想を打ちたてることを意味するが、そういった理想は、そもそも当事者自身にとっての感情の状態は知や認識の対象ではありえないという理由からして達成不可能である。サルトルによれば、こうした非対称は次のような場合にのみ克服できる。すなわち、主体とその相手との関係を原理的に、それに従ってわれわれが相手である第二の主体とその主体自身の心的状態との関係についても思い浮かべるのと同じモデルに従って、考える場合である。したがって、われわれがこの場合に知ではなく、とらわれや関与について語るのと同様、コミュニケーション的行為者についても知的主体ではなく、実存的に関与している主体として思い描かねばならない。そのような主体は、他者の感情の状態について中立的な知を得るのではなく、自らの自己関係においてその状態から感情的に影響を被るのである。

以上のような中間結果においても、方法論的相違があるにもかかわらず、キャヴェルはサルトルとかなりの程度一致している。すなわち、自身の感情の状態に関する言明は、知の表明と理解されるべきではないということを示した後で、キャヴェルはそこからサルトルによる現象学的分析の結論ときわめて近い、基本的な相互作用関係についてわれわれが理解するための結論を引き出す。すなわち、ある話者が二人称の人物に向けて、知に訴えることなくその人物の注意をそれに向けさせるやり方で自らの感情を普通に表現する場合、この二人称の人物の言語的反応は、それ自体認識の遂行と解されてはならないのである。むしろ、話しかけられた側は自らの返答を通じて、一般にもっぱら話者が彼の注意をそこに向けさせた感情への自らの「共感」を表明しているのである。キャヴェルによると、こうである。「ここで私は次のように言えるであろう。すなわち、『私は君が苦痛を感じているのを知っている』という表現が確信の表現ではない理由、それはそれがこの感情表現に対する応答であるということにある。それは、共感の表現なのである。(14)」

　この「共感」という概念によって、われわれはすでにキャヴェルの議論がとりわけ私の関心を呼び起こす事情に近づいている。彼がヴィトゲンシュタインに倣って言おうとしたことは、次の点である。他の主体の感情の状態を認識することができるためには、どんな場合でも必ず前もって、私がその他者の感情世界にいわば実存的に引きこまれていると感じるような一定の態度がなければならない。そのような「動き」がなされ、それとともに他者との一定の形態のつながりが形づくられることによって、私はその他者の感情表現を内容通りの真正なもの、すなわち、相応のやり方で反応するよう私に発せられた要請として受けとめるのである。それゆえにキャヴェルにとっては、「承認すること（to acknowledge）」とは、二人称の人物が示す行動表現が何らかの性質をもった対応を要求するものと理解できるような態度を引き受けることを意味する。[15] 続いて何も、否定的な反応すら生じない場合、そこにはただ他者の感情表現が適切に理解されなかったという事実が現われている。その点ではキャヴェルは、感情に関する発言の理解を、承認的態度の引き受けという非認識的前提と緊密に結びつけている。そしてそのような態度をとることができないということは、彼にとっては結局、社会的関係を保持することができないということを意味するのである。[16] キャヴェルとサルトルの道が分かれるのは、まさにここである。確かに二人の著者は、彼らが懐疑主義の遺産と見なす社会的相互作用の認識モデルを、感情的な相互触発のモデルに置き換える。主体は一般に、精神的特性をもった他の主体と対峙していることを確信している。なぜなら、主体は他の主体の感情の状態によって、何かの反応を示さねばならないと思うように心を動かされるからである。しかしサルトルが、主体は限りなき超越の自由という点に関して相互に制約しあう、というこのような実存的事実から否定的結論を引き出すのに対して、[17] キャヴェルは、承認の必然的優位を治療目的で示唆するにとどめる。というのも彼にとっては、認識理論的モデルの日常世界における吸引作用に伴って現われる危険はあまりにも大きいので、相互の共感という事実を再三再四想起する必要があるからである。キャヴェルが自らの言語分析的介入によって生み出そうとしている唯一のものは、人間間のコミュニケーションについての誤ったイメージに対する防御である。社会的相互作用の織物は、哲学のなかでたびたび想定されているように、認識行為ではなく承認的態度から織りなされているのである。われわれが通常、他の主体の感情についての発言を理解するのに困難を感じない理由は、したがって次の点にある。すなわちわれわれは、行為を要求するそのような発言の内容が自明なものとしてわれわれに与えられているると考える態度を前もって引き受けている、という点である。

この最後の総括によって、私のこれまで単に理論史的に追究してきたテーゼをキャヴェルの分析が体系的な論拠に関して補うものである、と私が考える理由が明らかになったかもしれない。すでにルカーチ、ハイデガーそしてデューイは、私の解釈によると、社会的行為の領域における承認は一般に認識に先行しているはずである、と確信していた。そして、その後に言及した発達心理学的研究成果もまた、彼らによって輪郭を与えられた考えを、時間的あるいは発生的な意味において支持することができた。しかし、キャヴェルに依拠することで初めて、時間的な意味を越えてこのテーゼのカテゴリー的な意味をも擁護することが可能となったのである。というのも、彼の分析によれば、われわれは彼が「承認」と呼ぶふるまいや態度に身をおく場合にのみ、ある一定の種類の言語的表現の意味を理解することができるからである。言語の理解は、手短に言えば他者の承認という非認知的前提と結びついているのである。キャヴェルもまた、次の点でわれわれの三人の著者たちの意図に同意しているように思われる。すなわち、彼はこの「承認」という形態で、伝統的にコミュニケーション的態度や視座の引き受けといった概念のなかで保持されていた以上の、あるいはそれとは別の意味を考えているのである。というのも、ハイデガーの「気遣い」というカテゴリー同様、キャヴェルの構想には何といっても感情的な共感や先行する同一化という契機が潜んでいるのであり、それは行為の理由を理解するという考えにおいては、重きを置かれていないのである。

もちろんキャヴェルは、そのような承認するという態度の引き受けが、他者に対して常に好意的で愛情に満ちた反応を示すことを意味する、などとは信じていない。そこではただ相手の人間的人格を非認識的に確認することだけが表われている限り、単なる無関心や否定的感情もまた、彼にとっては間主観的承認の可能なあり方なのである[18]。それゆえに、私がこれまで「共感」という概念との関連で用いてきた「肯定的（positiv）」という形容詞も、肯定的で友好的な感情の動きを指示しているという意味で理解されてはならない。その言葉で意図されているのは、たとえ相手をたった今しがた呪ったり嫌ったりしていたとしても、われわれは承認という態度においては他者の価値を肯定せざるをえない、ということである。しかしもしかすると、キャヴェルを一歩越えて、次のように主張できるかもしれない。すなわち、そのような感情の上で否定的に体験された承認という場合においては、他者をその人格において適切に評価していないということに対する感知能力が、常に共鳴しているのである。そうだとするとその場合には、従来「良心」と呼ばれてきた承認的態度における契機が問題となるであろう。

ともあれ心に留めておかねばならないのは、ここで考えられている承認という態度は間主観的確認のまったくの基本的な形態であり、他者の特定の価値の認知をまだ含んでいない、という点である。つまり、キャヴェルが「承認」と、ハイデガーが「気遣い」や「顧慮（Fürsorge）」と、そしてデューイが「関与」と呼んだものは、相互承認がすでにそのつどの相手の特殊な性質の肯定を意味している域には達していないのである。[19] しかし以上のような共通点にもかかわらず、私がとり出した伝統の連関にキャヴェルによる分析を単純に引き入れることを困難にする相違が残り続ける。すなわち、ハイデガーやデューイ、ルカーチとは異なって、彼は自らが承認的態度と名づけるものの適用条件を、もっぱら人間間のコミュニケーションの領域に限定しているのである。われわれは人間以外の世界に対しても、あらかじめ承認という態度をとっているはずであると主張する方向に向かう考えは、彼には明らかにまったく疎遠である。私は、本書での考察においてその解明が私にとってはとりわけ重要な「物象化」というテーマに次のステップで再びとり組む際に、この相違に立ち戻らねばならない。

（1）　たとえば、Jürgen Habermas, »Individuierung durch Vergesellschaftung. Zu George H. Meads Theorie der Subjektivität«, in: ders., *Nachmetaphysisches Denken*, Frankfurt/M. 1988, S. 187ff.（藤澤賢一郎・忽那敬三訳、『ポスト形而上学の思想』、未來社、一

九九〇年、二三〇ページ以下）を参照。

（2） Marcia Cavell, *Freud und die analytische Philosophie des Geistes. Überlegungen zu einer psychoanalytischen Semantik*, Stuttgart 1997. を参照。

（3） これから以下の論述については、私はとりわけ次の研究に負っている。Michael Tomasello, *Die kulturelle Entwicklung des menschlichen Denkens*, Frankfurt/M. 2002（大堀壽夫他訳『心とことばの起源を探る』、勁草書房、二〇〇六年）; Peter Hobson, *Wie wir denken lernen*, Düsseldorf/Zürich 2003; Martin Dornes, »Die emotionalen Ursprünge des Denkens«, in: *WestEnd. Neue Zeitschrift für Sozialforschung*, 2. Jg., H 1, 2005, S. 3-48.

（4） Michael Tomasello, *Die kulturelle Entwicklung des menschlichen Denkens*, a. a. O., S. 77ff.

（5） Axel Honneth, *Kampf um Anerkennung. Zur moralischen Grammatik sozialer Konflikte*, Frankfurt/M. 1992, S. 128.（山本啓・直江清隆訳『承認をめぐる闘争』、法政大学出版局、二〇〇三年、一〇七ページ）

（6） たとえば、Peter Hobson, *Autism and Development of Mind*, Hove/Hilsdale 1993; Michael Tomasello, *Die kulturelle Entwicklung des menschlichen Denkens*, a. a. O., S. 94ff. を参照。Martin Dornes, »Die emotionalen Ursprünge des Denkens«, a. a. O., S. 23ff. は、優れた概観を提供してくれる。

（7） Martin Dornes, »Die emotionalen Ursprünge des Denkens«, a. a. O., S. 26.

（8） Theodor W. Adorno, *Minima Moralia*, Frankfurt/M. 2001, S. 292（Aph. 99）.（三光長治訳『ミニマ・モラリア――傷ついた生活裡の省察』、法政大学出版局、一九七九年、二三四ページ）

（9） たとえば、Martin Heidegger, *Sein und Zeit*, Tübingen 1967（11. Aufl.）, S. 136.（原佑・渡辺二郎訳『世界の名著62 ハイデガー』、中央公論社、一九七一年、二五四ページ）を参照。

（10） John Dewey, »Qualitatives Denken«（1930）, in: ders., *Philosophie und Zivilisation*, Frankfurt/M. 2003, S. 94-116, hier S. 116.

（11） Stanley Cavell, »Wissen und Anerkennen«, in: ders., *Die Unheimlichkeit des Gewöhnlichen*, hg. v. Davide Sparti und Espen Hammer, Frankfurt/M. 2003, S. 34-75. を参照。キャヴェルの間主観性論については、Epsen Hammer, *Stanley Cavell. Skepticism, Subjectivity, and the Ordinary*, Cambridge（Mass.）2002, Kap. 3. を参照。

（12） Stanley Cavell, »Wissen und Anerkennen«,a. a. O., S. 68.

（13） Jean-Paul Sartre, *Das Sein und Nichts. Versuch einer Phänomenologischen Ontologie*, Reinbek bei Hamburg 1993, Bes. S. 405-423.（松浪信三郎訳、『サルトル全集　第十九巻　存在と無　第二分冊』、人文書院、一九五八年、特に一一一―三五ページ）この点に関しては、Axel Honneth, »Erkennen und Anerkennen. Zu Sartres Theorie der Intersubjektivität«, in: ders., *Unsichtbarkeit. Stationen einer Theorie der Intersubjektivität*, Frankfurt/M. 2003, S. 71-105 を参照。

（14） Stanley Cavell, »Wissen und Anerkennen«, a. a. O., S. 69.（傍点原文）

（15） Ebd., S. 70.

（16） この点については、キャヴェルによる「リア王」の魅力的な分析も参照。Stanley Cavell, »The Avoidance of Love«, in: ders., *Must we mean what we say?*, Cambridge（Mass.）1976, S. 267-353.

（17） Jean-Paul Sartre, *Das Sein und Nichts*, a. a. O., S. 471ff.（邦訳、七八ページ以下）を参照。

（18） Stanley Cavell, »Wissen und Anerkennen«, a. a. O., S. 70.

（19） したがってここではまた、私がそのテーマについてこれまでの論考のなかで扱ったよりも、さらに基本的な承認の形態が問題になっている。（たとえば、Axel Honneth, »Unsichtbarkeit. Über die moralische Epistemologie von Anerkennung Erkennen«, in: ders., *Unsichtbarkeit. Stationen einer Theorie der Intersubjektivität*, a. a. O., S. 10-27. を参照。）それゆえ私は今では、次のような点から出発している。すなわち、こういった承認の「実存的」様態は、他者の特定の性質や能力が問題になるような他のあらゆる内容豊かな承認の形態の基礎をなす、という点である。

第4章　承認の忘却としての物象化

私がこれまでの章で集めてみた一連の研究成果は、アクセントの置き方はそれぞれ独自であるものの、すべて同じ方向を指し示している。私が参照することをうながした発達心理学の諸理論にしても、キャヴェルの分析にしても、人間の社会行動においては発生的であると同時にカテゴリー的でもある、認識に対する承認の優位が、すなわち他者を中立的にとらえることに対する共感（Anteilnahme）の優位が見いだせるというテーゼを支持するのである。つまり、そのような形で先行する承認というものがないとすれば、乳児は自分が準拠する人格の視座をとることもできなければ、成人もまた自分の相互行為のパートナーの言語による表現を理解することができないことだろう。なるほど、ここで私が依拠している理論はどれにしても、われわれは非－人間的な事態に対してもまずはそのような共感するという態度を常にとらなければならないと主張しているわけではない。たとえばすでに言及した発達心理学においては、具体的な他者との情動を介した同一化がすべての思考のための前提と考えられており、そこでは人間以外の対象に対する特殊な態度が必要とされるというようなことはない。他方でキャヴェルは彼が特殊な関心に導かれるために、そもそも自然に対するわれわれの関係をめぐる問いを扱うことはないのである。ここで私はさしあたりこれらと関係して生じてくる困難を脇に置いておこう。そして承認の優位を解説するにあたって中断してしまった箇所に立ち戻って、議論の筋道をとり戻したい。私の出発点にある問いは、次のようなものであった。つまり、ルカーチがそもそも抱いていた直観をできるかぎり十分考慮に入れるような「物象化」概念を、われわれは今日、どのようにもう一度、明確にすることができるのだろうか。

そのような概念については、すでに示したように、次のように考えねばならない。「物象化」概念は単に認識上のカテゴリー・エラーを表すものでも、道徳原則の侵害を表すものでもありえないのである。まずカテゴリー・エラーとは異なり、一方で「物象化」概念は非認識的なものを、つまり、ハビトゥスや、ある形式のふるまいを指示する。そして他方でこの「物象化」概念は、個人に負わすことのできる責任や罪へのあらゆる言及が脱落しているという点で、道徳的な不正とも違うのである。ルカーチは、特にハイデガーと比較した際に明らかになったように、「物象化」という概念を一種の思考の習慣として、すなわち一種の習慣的に硬直した視座として理解されることを目指していた。そして、人間はこうした種類の思考の習慣や視座を身につけてしまうと、人格と出来事に対して関心をもって積極的に関わっていく能力を失ってしまうことになるのだ。この喪失の程度に応じて、ルカーチが確信していたところによると、主体たちは単に受動的な観察者と化してしまうのである。そして彼ら／彼女らにとってはその社会的、物理的な周囲の世界だけではなく、その内的な生活もまた、まるで物的存在の寄せ集めのように現れざるをえない。したがって「物象化」はルカーチにとって、ある過程のための概念であると同時に、ある帰結を示す概念でもあるのだ。[1] そのことをわれわれは事後的に主張できるだろう。この概念によって表現されるのは、ある喪失の過程であり、言い換えればそもそもの正しい態度が、二次的で間違った態度にとって代わられるという過程である。それと同時に、この過程の結果が、つまり物象化された知覚や行動様式がこの概念によって表現されているのである。これまでわれわれが見てきたように、承認、あるいは共感という先行的な態度についての仮説を裏づけるためには、少なくとも社会的関係からなる世界について言うならば、一連のもっともな根拠がある。しかし、この本源的なふるまいの形式が失われてしまうことがあるということを、それがそもそも人間の生活様式にそれほど深く根づいているというのであるなら、いったいルカーチはどのように説明できるのだろうか。そのように問いを素描してみれば、「物象化」概念をもう一度アクチュアルなものにするという試みが今日において覚悟しなければならない最大の困難が見えてくる。というのも、存在論的世界像が及ぼす歪曲作用に注意を喚起することができたハイデガーとは異なり、ルカーチはそのような喪失の過程を社会的状況そのものによって、すなわち社会的な習慣行動と制度のネットワークによって説明しなければならないのである。しかしながら、他方ではそのような習慣行動や制度においては承認という態度が現れて影響を及ぼしていなければならないはずなのである。物象化という過程によって失われるとされるものが、あらゆる社会的出来事において何らかの形でそれが表れているはずであるというほどの本質的な重要性を、人間の社会性(Sozialität)にとってもっているのであるなら、「物象化」の過程を社会的な過程としていかにして説明できるのだろうか。

この問いに対して『歴史と階級意識』は、結局のところおそらくはただ一つの答えしか与えてはくれない。しかしながら、この答えは説得力に乏しいので、後にルカーチは自分自身でこの答えを退けている。(2) ルカーチの答えによるとわれわれは物象化の過程を、もともと共感をもって関わっていくという視座が中立化されてしまい、ついには客体化する思考の意図を助けて、それを実現させてしまう過程として考えなればならない。デューイに倣うなら、次のように言えるだろう。反省的に距離を置くということでわれわれは、認識するという目的を果たすために、われわれの知識がすべて前もって繋ぎとめられている質的な相互行為の経験からわれわれ自身を引き離すのである。まさにこの反省的に距離を置くことにこそ、この場合の物象化の本質はあるのだと。この解釈がもし正しければ、それゆえ物象化が実際にわれわれの思考の客体化と一致するのなら、そのような客体化を要求するような社会現象はいずれもすでに物象化過程の現れということになるだろう。そして実際に『歴史と階級意識』の多くの章句は、まるでその著者であるルカーチが、物象化という現象は、共感というわれわれが前もってつねにとっている態度を社会的に強制されたかたちで中立化するということにほかならないと言いたいかのように響くのである。しかし、そのような仮説はあまりにも大ざっぱなために誤りであるに違いない。このことは次の事情からも明らかである。つまり、われわれは先行的な承認を今まで、われわれの思考の客体化の反対としてではなく、その可能性の条件として考察してきたのである。『存在と時間』においてハイデガーは、学問的な世界認識が「気遣い（Sorge）」の可能で正当な、しかしながら「血縁的な」継続であると理解していた。[3] ハイデガーとまったく同じあり方でデューイも、例えば、客体化するという思考はすべて質的な根源的経験の反省的な中立化によるものであると確信していた。二人の思想家たちはともに、スタンリー・キャヴェルまたは私が援用した発達心理学と同様に、承認するという態度を、世界あるいは他者についての知識にそもそも到達するためにはどうしてもとらなければならない、実践的で非認識的（nicht-epistemisch）な態度として理解していたのである。それゆえ、そのような承認という視座が認識すること自体となんらかの緊張関係にある、あるいはまったく折り合いがつかないとルカーチと同様に想定することはきわめて納得がいかないように思われる。つまり、事態や人格を客体化して把握するということは、先行的な承認によって可能となる産物なのであり、純粋な対立物では決してないのである。

ルカーチは自分の概念戦略にしたがって物象化と客体化を同じものとしてしまうが、このことによってさらに、社会の発展過程についてのきわめて疑わしいイメージを導き出してしまう。結局のところこのイメージにおいてルカーチは、われわれの前もって行なっている承認を中立化することを必要とし、そのためにそれを制度的に維持する社会的変革をすべて、物象化の一つ一つの事例と見なさねばならないのである。そしてさらに彼は最終的に、マックス・ヴェーバーがヨーロッパ近代において社会的な合理化の過程と記述したもののすべてをひとまとめにして、物象化が社会において全体化することの原因としてとらえざるをえなくなってしまうのである。しかし同時にルカーチは、共感という本源的な態度がその社会構成的な機能ゆえに決して完全に失われてしまうことはありえないと主張せざるをえないので、ここで彼の社会についてのイメージは行き詰まるのである。というのも、社会の内部で起こるすべての現象が、それらがわれわれに対象化を含んだ態度を強いるというだけで物象化されているのならば、人間の社会的な性質は最後には完全に消滅してしまうにちがいない。これらの誤った帰結はすべて、物象化と客体化を同一視することによってルカーチが行なった概念戦略の帰結である。これらの帰結から私がこれから先に考察を続けるために学ぶべきことは、次のことだけであろう。つまり、ルカーチが彼自身のテクストにおいて行なったのとは異なったかたちで、われわれは物象化という現象をとらえないといけないのである。

ルカーチが物象化過程について展開した発想は、ある意味で十分複合的とも、十分抽象的とも言えない。彼はこの経過を結局のところ、事態や人格を客体化して認識することが、それらを承認することにとって代わる事態と同一視してしまい、そのことによってひそかに社会的な発展過程における客観性の増大に見込まれうるいかなる意味をも否定してしまうのである。ルカーチが犯した誤りを避けることができるかどうかは、機能的に見て、どちらかと言えば承認する態度が必要とされるのはどのような社会的領域であり、どちらかと言えば客体化する態度が必要とされるのはどのような社会的領域であるのかを、外的な基準を手がかりに判断することにあるのかもしれない。こうした機能主義的な道を選んだのは、例えば『コミュニケーション的行為の理論』におけるハーバーマスである。彼はそこで、戦略的な、「観察者としての」行動のあり方が、ある社会的な領域へと押し入ってくることを可能にする過程をまさに「物象化」と理解しようと試みた。そうした社会的な領域はこのように侵入されることでコミュニケーション的な存立条件が危険にさらされるのである。[4] しかし、そうした概念戦略の短所が次のことであるのはまったく明らかなように思われる。つまり、ハーバーマスのように機能主義的に区別をするならば暗に規範的な説明責任が課せられることになるのだが、この区別にはそもそもこの説明責任を負うことなどできはしないのである。というのも、客体化する態度がどの時点から物象化としての作用を展開するのかという問いは、決してうわべだけ価値中立的な態度をとって機能的要件について語っ

たところで答えがもたらされるわけではないのである。(5)

それゆえ私は、物象化過程を考えるための基準については、まったく別なかたちで問わなければならないと思う。われわれが、共感を伴わない観察のあらゆる形式は、先行的になされる承認の対極にあるとする「ルカーチの」非常に単純な考え方をとり続けるならば、承認すること、そして共感することを中立化することが普通は知的に問題を解決するという目的に役立つ、という考えを十分考慮することはできない。すなわち、承認する態度が放棄されるすべての場合において物象化の危険が始まるとルカーチのようにとらえるのではなく、われわれはむしろこの研究を、「承認するという態度と中立化するという態度の」二つの態度が互いにいかなる関係にあるのかという上位の観点にしたがって行なうべきであろう。いかなる関係なのかが問題となるこのより高次の立場では、ルカーチが依然として用いていた単純な対立図式にかわりうる二つの極が見いだせる。すなわち、承認に敏感な（anerkennungssensitiv）認識の形式が一方にあり、他方では、先行する承認に由来しているという感覚がもはや失われているような認識の形式が対峙している。いくらか回りくどい表現をすれば、次のことが明らかになるはずである。つまり、「承認と認識という」両方の態度形式が関係しあう二つの様式は、それらが互いに透明であるか、あるいは不透明であるのか、もしくは互いに接近可能であるのか、あるいは近づくことが不可能であるのかという基準にしたがって区別することが、さしあたりは重要であるという点である。最初のケースでは先行的な承認に支えられていることを意識して認識や、観察的な行動が行なわれているのに、二つめのケースでは同じ行動がこの依存を自らとは関係ないものとして切り離し、すべての非認識的な前提に対して依存することなくやっていけると思いこんでいる。そうした形の「承認の忘却」をこれからわれわれは、ルカーチの意図をより高いレベルで引き継いで、「物象化」と呼ぶことができる。それゆえこの概念が意味しているのは、他の人間についてのわれわれの知識や認識において、それらがどれほどまでに先行的な承認に依存しているのかという意識を消え去らせてしまう過程なのである。

この提案をさらに納得のゆくものにしようとする前に、これがすでに紹介してきた著者たちの幾人かの意図とまったく一致することを、まずは簡単に示してみたい。ジョン・デューイには当然ではあるが、大陸系の「物象化」概念は疎遠なものであった。しかし、彼は本書で引用された論文において何度も次のことをほのめかしていた。つまり、デューイによるとわれわれの反省的思考は、質的な相互行為の経験にその思考が根づいていることを見失ってしまうと病理化する危険に陥ってしまうのである。すなわち、自らの「承認という」由来から乖離してしまうことでわれわれの科学的「学問的」な営為すべてにおいても、実存的な情態性という契機が忘れ去られてしまうという傾向が強まるのである。つまり、こうした実存的に関係しているという契機によってこそ、まず科学的営為は開始されたはずなのである。(6) スタンリー・キャヴェルは先行的な承認こそが「知の対象を指し示すこと」[7]として理解されなければならないと主張するが、ここで彼が論じていることもまたそれほど大きく異なっているわけではない。すなわち、そのことは逆に言えば次のことを意味しているのである。つまり、もし直接的に共感を抱くというような本源的経験が意識されないでいるならば、もはやわれわれは他の人々と一緒にいるときでも、いったい自分が誰と関わっているのかということですら正しく知ることができないのである。そして、とりわけテオドール・W・アドルノは何度も次のことを強調していた。つまり、彼によると、われわれの概念的思考の適切さと質を左右するのは、それらの思考が欲求対象へと原初的に関係づけられていることが、つまり愛情をよせる人格や事物へとそもそも結びつけられていることが、どの程度まで意識され続けうるのかなのである。それどころか彼は、先行的になされている承認をそのように思い起こすことに、認識がその対象を構成するのではなく、具体的な個別性をまったく損なうことなくその対象をとらえることの[8]保証を見いだしていたのである。これら三人の哲学者のなかでは誰一人として共感のための非認識的前提を、概念的思考との素朴な対立関係に位置づけた者はいない。むしろ彼らはみな、一致して次のことを確信していたのである。すなわち、われわれの反省的な営為において、そうした営み自体が前もってなされている承認という行為に由来するということが忘れ去られてしまうときに、そのときにこそ病理への敷居が、懐疑主義への、あるいは同一性思考への敷居が越えられてしまうのである。私が「物象化」概念を新たに規定するための鍵としたいものが、まさにこの忘却という契機、すなわち記憶の喪失（Amnesie）という契機なのである。われわれが認識を遂行する際に、それ自体が承認的態度に基づいていることについての感受性を失う程度に応じて、われわれは他の人々をただ感覚を欠いた対象のように知覚するという傾向を強めてしまうのである。ここで単なる対象や、さらに「事物」という言葉が意味するのは、われわれが記憶喪失におちいることで、他者の態度の表現をわれわれ自身が応答することへの誘いとして、直接的に理解する能力を失ってしまうという事態である。確かにその際にわれわれはまだ、認知的な意味で人間の感情表現の全範囲を感じとることができるかもしれない。しかし、いわば感じとられているものからもまた「われわれ自身が」刺激を受け、心も動かされるために必要であるような結びつきの感覚を、われわれは失っているのである。この点において他方では、前もってなされている承認が忘却されてしまうことが原因となって――この承認の忘却こそが、私があらゆる物象化現象の核心であるととらえたいのだが――、世界が知覚において物象化されるという結果も実際には生じてしまうのである。こうした場合に社会的な周囲の世界は、自閉症患者の知覚世界においてとほとんど同じように、感動も感覚も欠いている、単に観察可能でしかない対象の全体として現れるのである。

このようにいまや「物象化」概念は、単純なレベルから、より複合的なレベルへと置き換えられるのだが、このことによって当然ながら、そう簡単には解決できない一連の問題が生じてくる。

最初のレベルにおいてこの概念は、共感すること、あるいは承認することへの単なる対立を意味していたが、置き換えられた後のレベルでこの概念は、承認と認識の間の一定の関係を示している。まず最初に少なくとも必要であるのは、前もってなされる承認という事実が、認識するという過程においてよりにもよって忘れ去られてしまうことがいかに起こりうるかについての、大まかなイメージである。ルカーチの議論のなかでこのイメージと比べることができる箇所は、彼が非常に単純なモデルのなかで、共感するという態度が観察するだけのふるまいによって閉め出されてゆくさまを描いているところである。この箇所で彼は、市場の社会的重要性をもち出す。彼の確信に従うならば、主体たちが彼ら／彼女らの周囲の世界に対して承認するという態度のかわりに、ただ認識するというだけの態度をとるように促すのは、まさに資本主義的市場の匿名の行動強制に他ならない。しかし素朴な物象化概念がより高次の概念にとって代わられると、もはやルカーチが試みたように直接、すぐに社会学的な説明レベルに進むことはできなくなる。むしろいまや、先に明らかにしなければならないことは、社会的実践のための承認という前提が、この実践を行なってゆくなかで後に視野から消え失せてしまうことを一体どのように考えることができるのかである。一般に、明確に示されるよりはむしろ実践において習熟することで身につけている特定の規則を、われわれが後になってから［習得したのに］忘れてしまう（verlernen）ことはありないと言われる。そうであるなら、発生的にも、カテゴリー的にも先行的な承認が、われわれが日常的な認識活動を行なうなかでもう一度、忘却されてしまうということは、一体どのように起こりうるのだろうか。この問いに答えるために私は、次のことを説明できればより簡単になると思うのである。つまり、ここで「忘れる」ということは、しばしば「〔身につけたことを〕忘れる（verlernen）」という表現が用いられる際のような強い意味をもっていない。つまり、［承認をめぐる］事実がただ意識から奪われ、その限りでその事実がいわば「消え去る」ということが問題なのではない。その事実が意識の上で背景に退き、それゆえ視野から消えることを余儀なくする現象、すなわち一種の注意の減少（Aufmerksamkeitsminderung）が問題であるに違いない。つまり、「承認の忘却」という意味での物象化が意味するのは、認識を行なう際に、この認識すること自体がそれに先立つ承認に支えられているということに注意が払われなくなることなのである。

さて、そのようなかたちの注意の減少には少なくとも二つの典型的なケースがある。それらは、さまざまなタイプの物象化の現象を区別するために、おあつらえむきである。第一に挙げられるのは、われわれがあることを実際に行なっているときに、そのことと結びついているただ一つの目的をあまりにも熱心に、そして一面的に追求するというケースである。このケースでわれわれは結果として、それ以外のすべての、場合によっては本来もっていたはずの動機づけと目的に注意を払わなくなるのだ。ここでふと思いつく例としては、功名心の強さゆえに勝つことに没頭してしまい、自分の対戦相手がなんといっても親友であることを感じることができなくなっているテニス・プレーヤーを挙げることができるだろう。このテニス・プレーヤーは彼の親友のためにそもそもその試合を始めるのである。このケースでわれわれが問題としているのは、ある目的が、その目的が生じてきたコンテクストから乖離してしまうことである。この現象を私は、物象化現象を説明することができる二つの典型のうちの一つと考えている。つまり、前もって行なわれている承認という事実への注意が失われていくのは、周囲の世界を観察し認識するという目的が、われわれが実践に参加してゆくなかで、それ以外の所与の状況をすべて完全に背景に追いやってしまうまでに独り歩きしてしまうからなのである。物象化という過程を説明するためにここで引き合いに出すことができる、二つめの注意の減少のケースは、われわれの行為を内的にではなく外的に規定する要因から生じてくる。思考図式のなかには社会的事実を選択的に解釈するように促すことで、われわれの実践に影響を及ぼす一連のものがある。つまり、これらの思考図式もまた、状況のなかに含まれている重要なものを感じとるための注意を著しく弱めてしまうのである。こちらのケースについて私は例を示すことはやめておきたい。というのも、このケースはすでによく知られていて、そのためにありふれた例を示す必要がないからである。われわれが実践を行なう中で前もって行なわれている承認という事実に注意が払われなくなってしまうのは、そうした事実と認知的に折り合いがつかない思考図式と先入見にわれわれが影響を受けるからである――またそれゆえに、おそらくはこのケースでは「忘却」と言うのではなく、「拒否する

（Leugnung）」とか、「抵抗する（Abwehr）」とか言うほうが、より意味があるようにすら思われる。

これら二つのケースを区別することでわれわれは、より複合的なモデルで物象化の過程を説明できるようにしてくれる、二つの典型を知るに至った。まとめてみるなら、次のように言えるだろう。われわれが扱うのは、認識するという態度がその目的の独り歩きによって一面化したり硬直化したりするケースか、先入見やステレオタイプのために承認という事実を事後的に拒否する第二のケースか、そのいずれかである。以上の点を明確にして初めて、本来の社会学的な説明水準に移行することを可能にする手段が手に入るのである。というのも、こうしてやっとわれわれは物象化の過程がどのようなかたちで進行可能なのかについての十分きめ細かな考えを用いることができ、そのような過程が引き起こされる可能性に基づいて、われわれが生きている社会的現実を探求することができるからである。そして、すでに明らかになっているように、そこで重要となるにちがいないのは、観察という目的の独り歩きを促す制度化された習慣行動か、あるいはすでに前もって行なわれている承認を否定することを強いるような社会的に作用する思考図式かのどちらかなのである。しかし私は社会学的分析へのこのステップをこの研究の最後の章（第六章を参照）で扱うことにし、ここでは私が今まで慎重に先送りしてきた次の問題に向かいたい。そこで重要となるのは、今まで展開してきた承認の優位のための論拠から人間と自然的な環境とのあいだの関係、そして人間と自分自身とのあいだの関係を逆に推論することができるのかどうかという問いである。

　最初の二つの章で私が引き合いに出した三人の哲学者たちはすべて同じように次のように考えていた。彼らの考え方によると、われわれと自然との関係についても、共感、気遣い、あるいは承認の優位ということが語られうる。つまり、われわれが中立的な態度をとることができる以前に、まず第一にわれわれが他者から触発されねばならないのと同じように、物理的な周囲の世界もまた、より即物的なあらゆる関わりに先駆けて、その質的な価値において初めてわれわれに開示されていなければならないのである。しかしこうしたより包括的な主張とは異なり、私が第三章で独立した研究成果として援用した理論の数々は、ただ相互人格的な世界についてだけの言明に限られていた。トマセロとホブソンと同様に、スタンリー・キャヴェルは同一化、あるいは承認の優位について論じているが、それらはただ他の人間との関連においてのみであり、人間以外の生物、植物、ましてや事物との関連で語られているのでは決してない。しかし、私がここでルカーチの直観を受けて再生を試みている「物象化」概念に従うなら、いまやわれわれは社会的な世界だけではなく物理的な環境をも物象化する知覚があるという可能性を考慮しなければならない。すなわち、われわれが日常的に関わっている事物もまた、もしわれわれがそれらを単に中立的にとらえ、外的な観点から記録するのみであるなら、もはやわれわれが適切に関与している相手とは言えなくなるのである。そうしてこのような直観に従うなら、これまでの「承認」についての私の議論のあまりにも狭い妥当基盤と関わる問題に私が直面することは容易に察しがつく。なぜなら、これまでで示されたのはなんといっても、われわれが他の人間との関係において承認の優位を保たなければならないということだけである。そうだとすればわれわれは自然の物象化という考え方の正しさを、どのように明らかにすればいいのだろうか。

ここでも私は、ルカーチが念頭においていた解決策をすぐにはもち出さず、まったく別の道筋をとりたい。われわれがルカーチの議論を頼りとするなら、その場合にはわれわれが第一に自然に対しても常に共感するという態度をとらなければならないことが示されている必要があるだろう。すでに見てきたように、そうしたことについての論証がハイデガーや、同様にまたデューイに依拠することでたやすくもたらされるのかもしれない。というのも、彼らは二人ともそれぞれ異なったかたちで次のことを主張したからである。つまり彼らの主張によるなら、物理的な環境に理論的に関わっていくことができるのに先駆けて、われわれはその世界をあらかじめ、その質的な意味において開示しているにちがいないのである。しかし彼らの主張をこえてルカーチにはむしろ、さらにまだ示すべきことがあった。つまり、そのような視座を放棄してしまうことは、結局のところは自然を可能な限り客観的に把握しようとする目標とは相容れないのである。というのも、ここでもまた認識することに対して承認することが、すでに述べたようにカテゴリー的に優位にあると主張できた場合にかぎって、自然を道具的に扱うことがわれわれの社会的な習慣行動のための必要不可欠な条件を侵害することをルカーチが最終的に証明できたことになるからである。私には、こうした論拠が今日、いかにもたらされうるのかは分からない。また、ハイデガー、あるいはデューイに、自然の客体化が気遣いの優位、あるいは質的経験の優位を何らかのかたちで侵害するだろうという強いテーゼを支持するための拠り所を見いだすことはほとんどできない。それゆえに、ルカーチが、外的な自然にもまた物象化が生じうるという考えを理由づけるためにとった直接的な道は、どのように見てもわれわれには閉ざされているのである。確かにわれわれが、動物や植物と、それどころか事物と互いに影響を与えあい、承認に基づいて交流する可能性を倫理的に歓迎するのはかまわない。しかし、このような規範的な選好［好み］（Präferenz）からは、そのような交流のかけがえのなさを確証するのに役立つ論拠を引き出すことはできない。それに対し私から見てより見込みがあるように思われるのは、ルカーチの直観をまさに間主観的な承認の優位という迂回路を経て、さらに追求してゆくことである。その際に私は、本源的な模倣というアドルノの構想に触れたときに、すでに一度、簡潔に言及しておいた考察を手がかりにすることができる。

アドルノもまた、われわれが客観的世界に認知的に接近できるのは、ただ重要な準拠人格との同一化によってだけ、すなわち具体的な他者へのリビドー充当によってだけであるという考えを身につけていた。しかし彼はこのような発生的な論拠からここでわれわれの関わっている問題に解明の光を投げかける、さらなる結論を引き出すことに力を注いだ。彼が考えていたところによると、そのような同一化という前提が意味するのは、子どもは対象への態度を対象そのものから切り離すことを学習し、それによっておのずと次第に独立した世界という考えに到達するようになるということだけではない。むしろ子どもは、自分が引き寄せられていると感じる、自分が愛する人物の視座を以降も記憶にとどめ、その間に客観的に確立された対象に対する別の観点と見なすことになる。リビドーのエネルギーに促されて具体的な他者を子どもが模倣することは、いわば対象に対しても転用されることになる。つまり、愛情をよせている人物を模倣することで、［子どもは］外からの影響を寄せつけない対象のリアリティを越えて、その人物が対象において感じとるまた別の意味の構成要素を対象につけ加えるのである。主体がリビドー充当の過程において、他者の態度をより多く同一の対象に向けて統合すればするほど、主体にとってこの対象は最終的にはその客観的なリアリティにおいて、より豊かにさまざまな諸相を現すのである。その限りでアドルノは、人間以外の諸対象についても「承認」について語ることができると強く信じていた。しかしこのような言い回しは彼にとって、対象がもつ他者の態度に由来する特殊な様相や意味のすべてを尊重するということを意味するにすぎないのであり、それを表現するために承認という話が転用されているのである。もしかするとアドルノの結論はもっと明確に表現され、道徳と認識の内的な関係という意味に翻訳されねばならないのかもしれない。つまり、他者の個別性を承認することは、われわれに次のことを要求するのである。すなわち、その他者がそのつどの見方において対象と結びつけている諸相すべての特殊性において、対象を知覚するということを[9]。

しかしこのように議論を規範をめぐって先鋭化することは、アドルノに依拠して自然もまた「物象化」されうるという考えを再構成できるためにわれわれに実際に必要なことをはるかに越えてしまっている。すなわちわれわれがアドルノの考察に従えば、自然との相互作用的な交わりについての思弁を引っぱり出さなくとも自然の「物象化」と結びついた考えを正当化する見込みが生じてくる。人々が物象化されることが意味するのは、すでに論じたように、前もって承認しているという事実が視野から消え失せること、あるいは拒否されることである。いまやアドルノに従って、次のことをさらにつけ加えることができる。すなわち、先行的な承認は、対象に向かう際に人々がそのつど対象に付与している意味の諸相を尊重するということもまた含んでいるのだ。しかしもしそうだとするなら、すなわちわれわれが別の人格を承認すると同時に彼ら／彼女らが抱いている人間以外の対象についての主観的な表象と感覚もまた認めなければならないのならば、われわれが潜在的な自然の「物象化」について語ることはたやすいことである。この潜在的な自然の「物象化」が問題であるのはなによりも、対象を認識するなかで他者の視座からそれらの対象に付与されるさらなる意味の諸相すべてに対する注意を失ってしまうことだろう。人々が物象化される場合と同様、ここでもまた「特定の盲目性[10]」が認識において作用している。すなわち、それらの場合にわれわれは動物、植物、あるいは事物を、ただ客観的に確認するやり方で知覚するのである。そしてわれわれが、それらの対象がわれわれの周りの人々やわれわれ自身にとって、多くの実存的な意味を保持していることを実感することは決してないのである。

(1) Georg Lohmann, *Indifferenz und Gesellschaft. Eine kritische Auseinandersetzung mit Marx*, Frankfurt/M. 1991, S. 17. を参照。

(2) Georg Lukács, »Vorwort« (1967), in: ders., *Geschichte und Klassenbewußtsein*, Werke, Band 2 (Frühschriften II), Neuwied und Berlin 1968, S. 11-41, hier S. 24f. を参照。

(3) Martin Heidegger, *Sein und Zeit*, Tübingen 1967 (II. Aufl.), etwa § 33 u. § 44.（原佑・渡辺二郎訳、『世界の名著62　ハイデガー』、中央公論社、一九七一年、例えば、三三節と四四節）

(4) Jürgen Habermas, *Theorie des kommunikativen Handelns*, Bd. 2, Frankfurt/M. 1981, Kap. VIII, 1 u. 2.（馬場孚瑳江・脇圭平訳、『コミュニケイション的行為の理論（下）』、未來社、一九八七年、第八章一節および二節）

(5) 結局のところこの問題はハーバーマスにおいては「システム」と「生活世界」の区別と関連している。この区別においては規範的な観点と機能的な観点が、密かなかたちで互いにからみあっている。この点については私の分析を参照のこと。Axel Honneth, *Kritik der Macht*, Frankfurt/M. 1989 (Tb-Ausgabe), Kap. 9.（河上倫逸監訳、『権力の批判――批判的社会理論の新たな地平』、法政大学出版局、一九九二年、第九章）

(6) John Dewy, »Qualitatives Denken«, in: ders., *Philosophie und Zivilisation*, Frankfurt/M. 2003, S. 94-116, hier S. 116; ders., »Affirmatives Denken«, ebd., S. 117-124, hier S. 117f.

(7) Stanley Cavell, »Wissen und Anerkennen«, in: ders., *Die Unheimlichkeit des Gewöhnlichen*, hg. v. Davide Sparti und Espen Hammer, Frankfurt/M. 2003, S. 34-75, hier S. 64.

(8) 例えば、Theodor W. Adorno, *Minima Moralia*, Frankfurt/M. 2001, Aph. 79; ders.（三光長治訳、『ミニマ・モラリア――傷

ついた生活裡の省察』、法政大学出版局、一九七九年、一八〇ページ), *Negative Dialektik*, in: ders. Gesammelte Schriften 6, Frankfurt/M. 1973, S. 7- 412, hier S. 226f.（木田元・徳永恂他訳、『否定弁証法』、作品社、一九九六年、二七五ページ以降）を参照。マルティン・ゼールとは違い（ders., *Adornos Philosophie der Kontemplation*, Frankfurt/M. 2004）、私はアドルノにおける「承認に基づく認識」という考え方（ebd., S. 42ff.）をただ、すべての認識が有する「衝動という基盤」についての精神分析的な思弁との関連においてのみ説明することができると確信している。

（9） この点についてはMartin Seel, »Anerkennende Erkenntnis. Eine normative Theorie des Gebrauchs von Begriffen«, in: ders., *Adornos Philosophie der Kontemplation*, a. a. O., S. 42-63. を参照。既に述べたように（注8）、私の解釈はマーティン・ゼールの解釈と次の点でのみ異なっている。つまり、私はこうした規範的な認識論のための説明基盤としてリビドーについての欲求充足の認識遂行についてのアドルノの思弁を想定しているのである。

（10） William James, »Über eine bestimmte Blindheit des Menschen«, in: ders., *Essays über Glaube und Ethik*, Gütersloh 1948, S. 248-270.

第5章　自己物象化の輪郭

これまでの説明において私は、ルカーチが彼の古典的な論文において「物象化」と名づけていたものの二つの様相を、承認論的な考察を頼りに再構成を試みてきた。その際に明らかになったのは、私たちが直接的な意味で「物象化」と呼べるのは、ただ他者との関連においてのみであり、外的自然について言うなら、ただ間接的な意味において、あるいは派生的な意味においてしか問題にはなりえないということであった。すなわち、一方で他の人間に対して物象化は、その人間が前もって承認されていることが見えなくなることを意味するが、他方で客観的世界に対して物象化が意味するのは、前もって承認されている他者にとってその世界がもっている多種多様な意味の豊かさを失ってしまうことである。物象化概念の用いられ方に見られるこの非対称性は、「承認する」ことが自然を認識するための必然的な条件をなしているあり方が、他の人間を認識することに対してとはまったく異なっていることから生じてくる。すなわち、われわれは客観的世界に対して、それらを知的に解明する可能性をあらかじめ失わずに物象化する態度をとることができるが、他者に対しては、彼らを前もって承認しているという事実が忘れ去られるやいなや、もはや彼らを「人物」として認識することがまったくできなくなるのである[1]。したがって事物や、あるいは人間以外の生物といった自然的な所与の「物象化」は、われわれの社会的生活世界の再生産が必然的に結びついている実践的な条件を損なうことはないものの、われわれが他の人間に対して物象化を行なうような態度を取る場合に、その実践的条件は損なわれてしまう。それにもかかわらずこれからも自然の物象化という考えを全体として放棄しないですむために、私は人間のあいだの相互行為のための承認という条件をわれわれの自然的世界との交流の次元へと拡張することを提案してきた。確かにわれわれは、客体化するだけの態度を自然に対してとる際には、その自然との認知的な関係を結ぶための実践的条件を侵害することはない。しかしながら、われわれはそれでも間接的な意味で、別の人間とわれわれがつき合っていくためのいくつかの非認識的な条件を侵害しているのである。というのも、次のような場合でもわれわれはこうした人物が前もってわれわれによって承認されていることを「忘れている」からである。つまり、これらの人物が自然的な環境を作っているもろもろの要素に前もって与えている実存的な意味を、われわれが客体化するようなふるまいにおいて見落としてしまう場合である。われわれがここでより高次の「承認の忘却」について語ることができることを、私は特に『ミニマ・モラリア』に見いだせるアドルノの思考の筋道をいくつか紹介し、明らかにしてきた。ただし、ウィリアム・ジェームズは、人間の「盲目性」についての有名な論文で、はるかに説得力があり、より直接的なやり方で次のような事実を示している。すなわちそれは、もしわれわれが他者が自らをとりまく事物に充当している実存的な意味を無視するなら、いかにわれわれは他者を軽蔑し、それどころか無視することができるか、という事実である。[2]

ところでルカーチは「物象化」するというふるまいが観察できると彼が考える局面を、二つだけではなく、三つ、言及していた。つまり、われわれの周囲の人間からなる間主観的な世界と自然的な所与のものからなる客観的世界以外に、彼は内的な体験の世界、すなわち精神的な行為の世界についても述べていた。この世界をルカーチは、われわれに必要とされる共感とともに関わるという態度ではなく、単に観察するという態度で応じることもある現象領域と理解していた。全般的にルカーチは、そのような自己物象化の構造がどのような性質をもつというのかについて、より正確に記述することにはあまり努力を行なわなかった。しかし、その時々の読者の予期される関心に自分自身の「主体性」、「気質」、そして「表現力」を合わせなければならないジャーナリストたちへのルカーチの言及は、[3]明らかに、目に見える具体的な例を伴ってわれわれに訴えかける素材を十分に与えてくれているように思われる。それゆえにアドルノですら、ほぼ二十五年も後になってもまだ該当する箇所を丁寧に引用しているほどである。[4]もちろんアドルノもこのコンテクストにおいては、われわれがわれわれ自身へそのような物象化を行なう関係の構造を細部にわたっていかに思い浮かべるべきかということを正しく分からせてはくれない。確かにアドルノのテクストでは、主体が自らの心的「特性」を「その場の状況に応じて発動」するなら、主体は「内なる客体」に対するようにその「特性」に相対することになる、と説明されている。(5) しかし、そこでは、自分自身の主観性を物象化しない肯定的な態度はどのように記述されるべきなのかという問いはまだ答えられてはいない。われわれがルカーチの物象化概念をめぐるこの第三の問題群も、今日、もう一度とり上げようとするならば、これまでのわれわれの流儀に沿って、自己関係との関連でも同じように承認の（必然的な）優位を語ることができるのかどうかを問わなければならない。つまり、人間主体は自分自身に対しても、ハイデガーならば言うように「さしあたって、大抵は」、承認するという態度をとらなければならず、それゆえ当然単に認識を行なうだけの自己関係を物象化と、ひいては誤った態度と呼んでもかまわないとする主張には、一体、意味があるのだろうか。

私の確信によると、こうした問いを肯定する答えに至るために援用できる理論的な鍵はさまざまである。そのなかから、例えばドナルド・ウィニコットの対象関係論を引き合いに出すことができる。ウィニコットは幼児の［親からの］分離過程についての彼の研究から、個々人の心的健康は、彼／彼女自身の本能的生活と、遊び心と探求心に満ちたつきあい方に依存しているという結論を導き出している。(6) ここで自己関係における探求的態度という言葉で言われているものは、本質的に、われわれが自分自身に対する承認的態度にも期待するのと同じような特性をもつと考えられよう[7]。自己関係における承認の優位というテーゼを擁護するための別の道は、アリストテレスがその『ニコマコス倫理学』で「自愛［自己への親愛さ］」に捧げた、今ではあまりにも重視されることのない考察を再び検討することにあるだろう[8]。ここでアリストテレスがうまくいっている自己関係の前提を、自らの欲望や情念の情愛に満ちた制御と結びつけている、そのあり方は、もしかすると、同じように、承認的態度において自分の「内面」と接する人が、自分自身と保っているようなタイプの関係を指し示していると考えることができるかもしれない。そして最後にもう一つ、第三の例をあげるなら、おそらくペーター・ビエリが最近われわれ自身の意志を「わがものにすること」の必要性について行なってきた考察を引き合いに出すことができるであろう[9]。ビエリが主張するところによると、われわれは自分の願望や感覚をただ単に受けいれることだけではなくて、それらを分節化して自分のものにして初めて、われわれは実際に自由意志を得ることができるのである。もしそうであるなら、そのようなわがものにするという過程のなかに、承認するという自己関係がわれわれに要求するもののあらましが見て取ることができるのではなかろうか。

もっとも、このような論証はいずれにしても、「承認」という概念を自己関係との関連のなかでどのように適切に用いればよいのかを、すでにわれわれが知っているということを前提にしている。その「物象化」という表現がそもそも登場した場所は人間のあいだの相互行為の場所であり、そのためにこの表現が自分自身との関係にも適用されうるかどうかはさしあたりは、まったく不明である。それに加えて前述の三つの思考モデルは、大体においてむしろ規範的あるいは倫理的な理想という意味において理解されうるのである。それに対してここで問題とならねばならないのは、なんと言っても社会的存在論という意味における「承認するという」自己関係の優位である。すなわち、物象化が主体の自分自身への関係にまで拡張されうるというのであるなら、この物象化に対しては自己関係の「本来的」で正常な形式が前提とされているにちがいない。そしてこの形式と照らしあわせて、物象化は問題のある逸脱と理解することができるのである。これらの理由から私にとってより適切だと思われるのは、すぐに抽象的に用いられた概念に手を出すことではなく、まずは実情そのものをよく考察することである。すなわち、われわれが通常、自分自身の願望、感覚、そして意図に関わってゆくあり方は、「承認」概念を用いるならば、説得力と意味のある仕方で記述されうるのである。

このテーゼを理由づけるためには、まず最初に、そのテーゼと対立し合う考え方がどのようなものでありうるのかの解明に着手することが適切である。広くゆきわたっている考え方によると、主体の自己関係はわれわれが表面上、客観的世界にも関わっていくときに従うのと同一のパターンに基づいて考えられているにちがいない。つまり、一見すると世界における事物に対してわれわれは、中立的な観点でそれらを認識するために注意を向けるように思われる。このあり方とまったく同様にわれわれは、自分たち自身の願望や感情にそのような認識を行なうような態度で出くわすというのだ。主体は内面における特定の心的な現象を記録するために、いわば自分自身をふり返るのである。デイヴィッド・フィンケルスタインが最近発表した研究において自己関係のこのモデルを「探偵主義的」と表現したのは間違ってはいない。主体はここで一人の探偵のように見なされていて、内面世界における探求過程のあとで自分自身の願望と感情をつきとめ、あるいは「発見」するがゆえに、それらについての特権的な知識をもつのである。それゆえに、主体が自らを振り返る前に、相応の意思が常にすでに存在しているのであり、自らの意識がその意思を思いのままにするためには、ただそれを発見しさえすればよいのである。[10] われわれが最初に、ルカーチ、ハイデガー、そしてデューイの考察を要約したときにすでに見てきたことは、客観的世界との関係についてまず最初に認識ありきと考える考え方が、いかにわずかな説得力しかもちえないのか、ということであった。そしてそれゆえに、今、すぐさまに次のように問うことができるのである。つまり、この「まず最初に認識ありきという」考えが自己関係にあてはめられたときに、それはさらに説得力をもつようになるのかどうかという問いである。

　自己関係の認知主義的な考え方がまず第一に直面する困難は、「外的な」対象を認識することとの対応関係「類比」を、内的な認識器官が主体に備わっていると想定することによって維持する必要性から生じてくる。「内面」へと方向づけられた認識行為がいかに詳しく規定されようとも、そこでは常に、われわれの感覚器官が対象の知覚を可能とするのとまったく同じような形でわれわれの心的な状態を知覚することを可能とするような、特殊な種類の感覚能力が前提されている。この「内へと向かうまなざし」という考えに対しては、かなり昔から非常にたくさんの説得力のある異議がもたらされているが、ここでは代表的なものとしてジョン・サールの後退論だけを挙げるだけでよいだろう。われわれが内面へと向けられた知覚という行為によってわれわれの心的状態について意識するようになるというのならば、その際にそうした行為はそれはそれで一つの心の状態を形成しているに違いない。そしてその結果、われわれはそのことを説明するためにはより高次にある知覚行為を必要とするに違いないだろうし、最終的には無限後退に終わるだろう。(11) しかし、自己関係を認識という現象と同一視することがきわめて疑わしく思えてしまうのは、内面的な知覚器官を想定するという概念的必要性によるだけではないのである。この考え方にとっての二つめの困難はむしろわれわれの体験の状態についての、その考え方によるイメージが現象に即して見ると［現象学的に見て］非常に説得力に乏しく、誤解を導きやすいということから生じてくる。われわれの願望や感情が、認識されうるはずの対象として理解されるので、それらは、客観的世界のなかで実際に存在するものがそもそもつとされるのと同一の、明白で完結した性格をもっていなければならない。感情状態であれ、意図であれ、われわれが自分たち自身に向き直して発見できるより前に、それらはつねにはっきりとした輪郭をもって心的な出来事として存在しているというのである。しかしながらこのようなとらえ方は、そのような心的な状態が含んでいるのが概して、容易に確認することもできず、どちらかと言えば散漫で、非常に不確かな内容であるという事実をうまくとらえてはいない。むしろ願望や感情を確認するためには、未だに明らかではなく、ぼんやりとしている状態にはっきりと意味の輪郭を与えることのできる、さらなる別の活動が必要であるように思われる。それゆえに自己関係を、すでに現実として存在している事態を見つけ出すことが目ざされている認識行為というパターンに従って考えることは問題であり、それどころか誤解を招きかねないのである。

ところで、このような認識モデルに対しては、おそらくすべて心的状態に固有の所与性に関連すると思われるさらなる異議が、すぐに申し立てられるだろう。例えば、われわれの願望や感情は、時間と空間というインデックスをほとんど備えていないように思われる。したがって、それだけからしても、われわれの願望や感情を時空間に存在する事物と同じようにはとらえることはできない(12)。しかし人格的な自己物象化という概念を説得力あるかたちで用意するためには、先ほど述べた二つの異議だけでまったく十分である。つまり、事物からなる世界への人間の関わりを単なる認識として理解することができないのと同様に、主体の自分自身への関係もまた心的状態についての認知的把握として理解することはできないのである。ところでこうした「探偵主義」

に対しては、すでに早くからニーチェとともに、まったく異なったモデルが提示されていた。すなわち、われわれの自己関係における能動的な要素を一貫して指摘するモデルである。ところがそのような「構成主義的な」考えもまた、われわれが自己自身への承認的関係の優位について語る際には視野に入れておかなければならない事柄とはまったく別のところに行き着いてしまうのである。

構成主義（Konstruktivismus）、あるいは「構築主義（Konstitutionalismus）」という立場は、デイビッド・フィンケルスタインの表現を再び用いるならば[13]、探偵主義という認識モデルではつまずきの石となった、われわれの自己関係のもつ独自性をうまく利用している。われわれは確かに、自己についての確からしさと自己であることの権威にもとづいて自分たちの心的状態について語るのだが、それでもその内容については、知覚することのできる対象と同じように確実に知っているというわけではない。この非対称性から構築主義が導く結論は、そうした心的状態においては、その発生にわれわれ自身が能動的に関わっているものが取り扱われなければならないのである。つまり、われわれが自分たちの相互行為のパートナーに対して特定の意図をはっきりと表現する瞬間に、われわれはいわばそうした意図をわれわれのうちに存在させようと決めるのである。ここでは、われわれのそのつどの精神状態の不確実性という災いが、構成的な作用の福に転じているのである。われわれが自分自身の心的状態に注意を向けるのは、それらにとっさの判断で引き続き相手に伝達することとなる内容を与えることによってである。これに引き続いてわれわれはこの内容を行為遂行的に表現する。認識モデルに対してこの考えが長所をもっているのは、これが内的な知覚能力を前提する必要も、内的な状態を対象と同一視してしまう必要もないからである。そのかわりにわれわれの願望と感情は、即座に自由な意志決定の産物と呼ばれてしまい、最終的に自分自身の願望と感情の原因は完全に当事者としての主体にあるように見えてしまうのである。

とはいえ、すでにこの最後の注釈が暗示しているのだが、構成主義はより詳細に考察してみれば、かつて探偵主義がそうなったのと同様に大きな説明困難に陥るに違いない。われわれの自己関係は内面へと向けられた知覚行為であるとする考えにとって、内的な状態のもつ非対象的(ungegenständlich) 性質がつまずきの石となるのと同様、構成主義的な考え方にとって、われわれによる介入に対して抗い、御しがたいという、その性質がつまずきの石となる。われわれが内的に感じる感覚は、いかなるものであれ、われわれがそれらに対して名づけという行為を通じて任意の経験的質を簡単に与えてしまえるほど融通の利くものではないのだ。現象の過程に即して言うと、われわれが出くわす心的な状態は、むしろ大抵の場合、ふりかかってくるものとして、気分、願望ないしは意図として現れるが、それらを解釈する活動のための、ある程度の余地を得るまでは、われわれは受動的に［それらの心的な状態に］さらされているだけなのである。(14) そして、構成主義が主体にさまざまな属性を自己付与するための無制限の能力を与えるときに否認しているように思われるのは、まさにわれわれの感情自身がもつこの制約的な特性なのである。われわれが自分自身で心的状態を作り出しているからこそ、われわれはそれらをよく知っているという考えが破綻するのは、そうした心的状態の方に制限を加えるような性格があるからなのである。確かにわれわれはわれわれ自身の感覚に対し、いつでも解釈的に関わり形成に関与するための余地をある程度は保っている。ただしこの余地は、われわれのあり方が、どうしても内的な状態に受動的にさらされているという部分を残しているがために、とても狭い範囲に区切られているのである。

われわれの自己関係における受動的なものをこのように指摘したとしても、今ここでもう一度認識モデルに戻り、同時にわれわれの内的感覚をまたしても、われわれから独立に存在する対象として考えるのは適切ではない。内的な状態はそれについての意識や語りから独立して与えられているわけではない、という構成主義の考えは堅持されねばならない。痛みがあるのは、当事者である主体がその痛みに注意を払ってからでしかなく、ある願望を私が初めて感じるのは、その感覚［感情］のためにある程度の適切な表現を見つけてからなのである。構成主義の誤りは、この条件関係からある種の産出メカニズムを作り出してしまうところに始まる。つまりそこで構成主義は、まるで痛みを意識するだけでそもそも痛みが初めて発生し、他方でわれわれの願望もまたすべて、言語的な表現という行為から生じてくるかのようにこの産出メカニズムを扱うのである。ここでわれわれが表現を付与し、あるいはそれにわれわれの注意を向ける何かが最初にあるという事実からすでに分かるのは、構成主義がその正しい出発点から導いた帰結がどれだけ間違っているのかである。というのも、受動的な感覚からまず刺激を受けることがなければ、われわれは自分たちの注意を研ぎ澄まそうとも、あるいは適切な言葉を見つけようとも決してしないだろうからである。しかしこれらのことからだけで、感覚的な刺激の源としてあらゆる概念的な前史から自由で、それゆえ第一の自然の一部分のようにわれわれに働きかけるような対象を想定する必要はない。なぜなら、われわれは社会化の過程のなかで自分たちの願望と感情を、言語を通じて共有された生活世界の内的な構成要素として知覚することを学習しているために、普通はそうした願望と感情は私たちにとってすでにある程度はなじみのものとなっているからである。もちろんわれわれはしばしばそのような言語による社会化が前もってなされていなかったために、まったく疎遠で不明瞭なものとして現れてくるもろもろの心的状態に驚かされることもある。しかし、実際になじみがないこと、あるいは前もって脱シンボル化されていることと関係があるように見えるこれらの場合にも[15]、われわれはそこで受ける感覚に、すでに周知のものからなる地平と比べることで、その疎遠さを解き明かし、分節化することができるような態度を取ることができる。われわれが自己関係をそうしたパターンにしたがって考えるなら、探偵主義と構成主義のあいだに、中間的な道として「表現主義（Expressionismus）」とも呼べるようなモデルが提示されるだろう。すなわち、われわれは心的状態を単に対象のように知覚するのでもなく、われわれの表明を通じて構成するのでもなく、われわれはこうした心的状態を、われわれがすでに内的にそのつどなじんでいるものに準拠して分節化するのである。[16] この独自なあり方で自己に関わる主体は、自分自身の感情と願望を、分節化するに値するものととらえているにちがいない。それだからこそ、ここでもわれわれがすでに承認的態度が先行している必然性を論じることは適切なのである。

そのような形の承認は、何らかの種類のコミュニケーションが少しでも可能となる前に人格として受けいれられていなければならない、相互行為のパートナーに向けられるものではない。むしろこのケースで重要なのは、そもそも自分自身の心的状態に対して表現を介して接触できるために、主体が自分自身に対して前もって行なっていなければならない承認である。すなわち、自分自身の願望と感情がとにかく、まったく分節化する値打ちがないとみなされるなら、その場合に主体は、自己関係において維持されねばならない自分自身の内面に近づくことができなくなるだろう。最近、このような自分自身の承認がハイデガーの概念との類似において「自己への配慮（Selbstsorge）」と表されることが頻繁にある。[17] この言葉は、主体が自分自身に対しても、まず第一に積極的な心配りという態度をとることを意味している。この態度をハイデガーは、事物や他の人間とのわれわれの関わりあいを特徴づけるものと見なしていた。自己配慮というそのような関わり方のなかに、自己自身の願望や感情を価値あるものとみなすこと以上のものを読みこもうとする倫理学的試みを行なわない限りにおいて、その場合にこの関わりはここで私が自分自身の承認と表現したい態度と同じものを指すのである。表現するという自己への関連づけができるとされる主体は、自らの心的体験を積極的に開示し分節化するに値するものと見なすまでに、前もって自分自身を肯定しなければならない[18]。自分自身を承認することのこのような規定は、ハリー・フランクファートが彼の最近の本で「自己愛」と表現したものにもある程度対応している[19]。私がある種の自己関係を前提としているやり方は、彼とまったく同じである。つまり、この種類の自己関係においてわれわれは、そこからわれわれの根本的で、本来的な、あるいはまったく「セカンド・オーダー」の努力がまさに必然的に生じてくるようなかたちで、自分たちの願望と意図を自分のものとして認め、あるいは肯定するのである。自己を探求するそのような過程においてわれわれが自分たちに対してとる態度を私はここで「表現的（expressiv）」と呼びたい――そしておそらくフランクファートとは異なり、私はさらに次のことを確信している。つまり、自分自身をこのように承認することは、まさにフロイトが彼の精神分析理論においてまったく自明な、それ以上遡ることのできない人間の自分自身に対する態度として前提していたものに他ならないのである。

この帰結から、ここでもう一度われわれの最初のテーマへと、すなわちゲオルク・ルカーチにおける自己物象化の可能性という考えへと橋渡しをするためには、すでに論じておいた自己関係の二つのモデルを少し解釈し直すだけでよいだろう。私がこれまでの議論において想定してきたのは、探偵主義と構成主義で問題なのは、まさに人間としての人格の自己自身への関係を規定する際の二つのやり方に欠陥があることである。探偵主義的な考え方にしても、構成主義的な考え方にしても、人間の自己関係についての適切なイメージをわれわれに与えるにふさわしくはない。前者によれば、われわれは自分自身の感覚をただたんに認識できるだけになり、後者によれば、われわれはそれらの感覚を自己に付与することによって構成することになる。しかし、今ここでこれら二つのモデルを人間の自己関係をとらえ損なう危険性への警告として受けとるには、なんの差し障りもない。そのような、おそらくは「イデオロギー批判的」と呼ぶことができる見方をとることで、われわれは、探偵主義と構成主義を、自分自身の内面に関係する際の本源的な様態を誤って記述しているのではなく、その誤った様態を適切に記述しているものと見なすのである。こうして示された視座の転換を、自己関係を認識過程のパターンに従って記述する探偵主義のケースに即して説得力のあるものにすることは難しくはない。探偵主義が意図せずして適切に素描している社会類型の具体的イメージを得るためには、自分自身の願望を常に固定したものと考え、それを発見したり勘案することが肝要なのだと思っている人物を思い浮かべればよい。まったく同じことは構成主義にも言える。つまり、この立場の記述モデルは同様に特定の社会類型の素描としてたやすく読み解くことができるのである。ここでは次のような人物を指し示しておけば十分である。つまり、これらの人物は利益考量から第三者に対して顕示する感情と願望が、実際に自分自身のものでありうるという幻想に生きているのである。これらの二つの例で私が示そうとしたのは、われわれは、自分の自分に対する関係について、探偵主義や構成主義において輪郭を与えられたものと同じ形式で考えることが大いにありうるという点である。第一のケースにおいて主体はその心的状態に、何かしら固定して融通の利かない所与に対してと同じように関わり合うのだが、他方で第二のケースにおいてはこの心的状態を、その性格について主体が所与の状況に従って勝手に変更を加えることもできる、何か作り上げることができるものと見なすのである。このような表現の仕方が、自己物象化の諸現象へとたやすく関連づけることができるように選ばれていることは偶然ではない。つまり、自己関係の諸形式は、それが探偵主義においてとらえられようと、構成主義においてとらえられようと、自己自身の物象化の過程を反映しているのである。それはこれらの二つのケースにおいて、内的に経験される状態が事物として与えられた対象というパターンに従って把握されているからである。二つのタイプのあいだの違いはただ次の点にある。つまり、一つ目の場合に自分自身の感情は、発見する必要のある「内面において」すでに結果として固定された対象のように体験されるのに対して、二つ目の場合にそれらの感情は道具的にまず生み出されうるものと見なされるのである。

これまで述べてきたことに基づくと、自分自身の感情と願望についての経験の形態が事物的な存在のパターンに従って理解される事態が人格の物象化であるとすれば、この可能性をルカーチに倣って問題とすることは非常に意味があるように思える。今日の文学作品の世界は、自己観察の循環にとらわれてしまっている人たちか、あるいは戦略的に適切な動機と欲求を生み出すことに多くの精力を注ぎつつ働く人たちを描いたものに溢れている。[20] そのことに付随して今日では、自分自身に対して探求するという関係を結ぶという課題が人間に要求されていた、精神分析的な文化が次第に衰退していくということが生じてきている。つまり、この課題は自分自身の目標設定を手探りで探知するためのものであり、言い換えればまさにそれらの目標設定をただ観察したり、それどころか操作するためだけに限るものではないのである。[21] 自己物象化のそうした傾向の原因は、われわれのこれまでの考察に従うなら、「承認の忘却」という概念を再び用いることによってのみ、もっともうまく記述できる。観察する、あるいは生み出すという様態が個人の自己関係においてはびこることができるのは、ただ「主体たち」が、彼らの願望と感情が分節化され、自分のものとされる値打ちがあることを忘れ始めたときだけなのである。そうであるからこそ、自分自身の人格を物象化することは、他者を物象化することとまったく同様に、すでに行なわれている承認という事実への注意が減少することの結果と言えるのだ。つまり、われわれが前もっていつもすでに他者を認めていることを後者において見失うのと同様に、前者でもわれわれは次の事実を忘れる傾向にあるのである。ここで忘れられるのは、まっとうに自分自身の精神の状況に近づくことができるからこそ、われわれは自分自身に前もっていつも承認する態度で接しているという事実である。すなわち、願望、感覚、あるいは意図などをもつということが何を意味するのかを大体において知るには、われわれはこれらを前もってわれわれの自己の肯定するに値する部分として経験していなければならないのだ。また、この部分はわれわれとわれわれの相互行為のパートナーには明らかになっていることが重要である。そして他者の承認とまったく同様に、自分自身のそのような承認もまた単に発生的に優位にあるというだけではないのである。

承認するという自己関係のこうした基礎的な構造については、今やなんの困難もなくさらに別の観点を見いだしていくことができる。これらの観点には、別のもろもろの理論を参照しつつこの章の初めに言及したことすべてもまた、含まれているだろう。ウィニコットは自分自身の欲求の創造的 - 遊戯的探求に、アリストテレスは自愛に、あるいはビエリは自分自身の願望をわがものにすることに言及していた。それらの場合に重要となっているのは、新たに付け加わった承認の数々の側面なのである。すなわちそれは、主体が自らの内的状態を自分自身の分節化可能で、分節化に値する部分としてとらえざるをえないがために、常に自分自身に対して必ず与えているような種類の承認である。このように前もって自己肯定されていることが忘れられ、無視され、そして蔑《ないがし》ろにされてしまうと、ついには自分自身の「物象化」と表現できる自己関係の形のための余地が生じてくる。というのも、これらの場合に自分自身の願望と感情は、受動的に観察されたり、あるいは能動的に生み出されたりしうる、事物的な客体のように経験されるからである。

（1）「説明」と「理解」という古典的な対置において常に念頭に置かれていたのは、まさにこの区別であるという点に疑問の余地はない。このことを典型的に示すものとしては、以下のものを参照のこと。Karl-Otto Apel, *Die »Erklären: Verstehen«-Kontroverse in transzendentalpragmatischer Sicht*, Frankfurt/M. 1979.

（2）William James, »Über eine bestimmte Blindheit des Menschen«, in: ders., *Essays über Glauben und Ethik*, Gütersloh 1948, S. 248-270を参照。客体が人間にとってもちうる実存的、あるいは心的な意味の多様性については魅力的なティルマン・ハーバーマスの以下の著作を参照のこと。Tilmann Habermas, *Geliebte Objekte. Symbole und Instrumente der Identitätsbildung*, Frankfurt/M. 1999. われわれを取り囲む世界のこの意味の多様性の否認こそが、私がここで自然の、すなわち客観的世界の「物象化」と表現しているものに他ならない。

（3）Georg Lukács, »Die Verdinglichung und das Bewußtsein des Proletariats«, in: ders., *Geschichte und Klassenbewußtsein*（1923）, Werke, Band 2（Frühschriften II）, Neuwied und Berlin 1968, S. 257-397, hier S. 275.（邦訳は一八六―一八七ページ）

（4）Theodor W. Adorno, *Minima Moralia*, Frankfurt/M. 2001, Aph. 147（»Novissimum Organum«）, S. 444.（邦訳は三六二―三六三ページ）

（5）Ebd., S. 445.（同書、三六三―三六四ページ）

（6）Donald Winnicott, *Vom Spiel zur Kreativität*, Stuttgart 1989; さらには、Axel Honneth, *Kampf um Anerkennung. Zur moralischen Grammatik sozialer Konflikte*, Frankfurt/M. 1992, S. 157ff.（山本啓・直江清隆訳、『承認をめぐる闘争』、法政大学出版局、二〇〇三年、一三一ページ以降）を参照。

（7）例えば以下の論文を参照のこと。Axel Honneth, »Dezentrierte Autonomie. Moralphilosophische Konsequenzen aus der Subjektkritik«, in: ders., *Das Andere der Gerechtigkeit. Aufsätze zur praktischen Philosophie*, Frankfurt/M. 2000, S. 237-254.（加藤泰史・日暮雅夫他訳『正義の他者――実践哲学論集』、法政大学出版局、二〇〇五年、三一―七一ページ）

（8）Aristoteles, *Nikomachische Ethik*, IX. Buch, 4.-8. Kap.（高田三郎訳『ニコマコス倫理学（下）』、岩波書店、一九七三年、一一九―一三五ページ）

（9）Peter Bieri, *Das Handwerk der Freiheit*, München/Wien 2001, Kap. 10.

（10）David Finkelstein, *Expression and the Inner*, Cambridge (Mass.) 2003, Kap. 1.

（11）John Searle, *Die Wiederentdeckung des Geistes*, Frankfurt/M. 1996, S. 195.

（12）パスカル・メルシエ（ペーター・ビエリ）の新しい小説は、自己関係の認識モデルに対するさまざまな反論のための実に豊かな鉱脈である。Pascal Mercier（Peter Bieri）, *Nachtzug nach Lissabon*, München/Wien 2004.

（13）David Finkelstein, *Expression and the Inner*, a. a. O., Kap. 2.

（14）例としては以下の文献を参照のこと。Hermann Schmitz, »Gefühle als Atomosphären und das affective Betroffensein von ihnen«, in: Hinrich Fink-Eitel/Georg Lohmann（Hg.）, *Zur Philosophie der Gefühle*, Frankfurt/M. 1993, S. 33-56.

（15）Alfred Lorenzer, *Sprachzerstörung und Rekonstruktion*, Frankfurt/M. 1970. を参照。

（16）「中間的な道」という考え方についても私はデイビッド・フィンケルスタインから受け入れている。David Finkelstein, *Expression and the Inner*, a. a. O., S. 58ff.

（17）Michel Foucault, *Die Sorge um sich. Sexualität und Wahnsinn 3*, Frankfurt/M. 1986.（田村俶訳『自己への配慮（性の歴史Ⅲ）』、新潮社、一九八七年）を参照。

（18）この自己肯定の能力が他方でどれほど他者による承認に依存しているのかについては最近、エルンスト・トゥーゲントハットがもう一度、際立たせている。Ernst Tugendhat, *Egozentrizität und Mystik. Eine anthropologische Studie*, München 2003, Kap. 2.

（19）Harry Frankfurt, *Gründe der Liebe*, Frankfurt/M. 2005, 3. Kap. を参照。

（20）最初のタイプを典型的に示すものとしては、次の文献を参照のこと。Judith Hermann, *Sommerhaus, später. Erzählungen*,

Frankfurt/M. 1998.（松永美穂訳、『夏の家、その後』、河出書房新社、二〇〇五年）。第二のタイプのためには次のものを参照のこと。Kathrin Röggla, *Wir schlafen nicht*, Frankfurt/M. 2004.（植松なつみ訳、『私たちは眠らない』、論創社、二〇〇六年）

（21）Jonathan Lear, »The Shrink is in«, in: *Psyche*, 50. Jg., H. 7, 1996, S. 599-618. を参照。

第6章　物象化の社会的起源

私はこれまでさまざまな（間主観的、客観的、主観的）次元にある物象化という社会現象の原因を承認の忘却という事実にまで探ろうと試みてきたが、そこではゲオルク・ルカーチの分析の核心部分には触れずにいた。彼は、労働生活や自然との関係においてであれ、あるいは社会的交流においてであれ、単に観察するだけでしかない行動類型がますます優勢になってゆく過程を考察していた。そしてこうした考察はすべて、これらの物象化現象すべての元凶と見なされねばならないのはただ商品交換の資本主義的一般化だけであるという社会理論的なテーゼに収斂する。ルカーチの確信によると、社会的な相互行為をまず第一に経済的な商品交換の形態に従って行なうように強制されるようになれば、主体たちはただちにその相互行為のパートナーも、交換されうる財も、そして自分自身も、事物的存在というパターンに従って知覚するようになり、それに応じて環境に対してはもはやただ観察するだけのようなやり方でしか関わってゆこうとしないにちがいない。このコンパクトなテーゼに対しては、それがあまりにも多くの、それ自体問題である要素をはらんでいるがために、ただ一つだけ、しかも核心を貫く異議をもち出すことは難しい。例えば今までの分析に従うなら、私たちが他の人格存在を先行的に承認していることを見失うときにのみ、私たちは他者を「物象化する」ことになるのだが、このように指摘しただけでも、ルカーチの商品交換と物象化の同一視がいかに説得力に乏しいのかが分かることだろう。というのも、たとえ経済的交換の場であったとしても相互行為のパートナーは通常、少なくとも法的人格としてはあくまでも承認されているからである。他方でルカーチが彼自身のテーゼによって素描したのは、物象化過程のあらゆる分析にとっては重要な挑戦であり続けることになる課題の領野である。すなわち、物象化する態度への傾向の原因を、ただ精神的な、あるいは文化的な発達過程にのみ見いだすべきではないというのであるなら、そうした傾向に拍車をかけ、あるいはきっかけを与えるような社会的構造ないしは習慣行動を特定することが必要となる。私は最後のしめくくりとして三つの観点から、物象化のそうした「社会的病因論」（M・ヌスバウム）のための予備的考察をいくつか展開してみよう。その際に私は、かつてすでに私の考察において、他者に対する「承認の忘却」を引き起こしうる理由を論じたときにある役割を果たしていた、そうしたいくつかの仮説を手がかりにすることができるだろう。

（1）ルカーチは資本主義的な市場社会の影響を、それがまるで物象化する態度が三つの次元すべてにおいて一般化してゆくことを自動的に引き起こすかのように記述している。この一般化の行き着くところで対峙し合う主体たちはもはや、自分たち自身を物象化するのと同様に、自然環境と他のすべての人間たちも物象化するしかないのである。彼の分析に見られるこの全面化傾向の原因は、一連の概念的な誤りと事実に関する誤りであり、これらのうちで私はここで主題のさらなる展開のために特に役立つと思われるものを選んでみたい。概念的観点のもとでまず最初に確認できるのは、ルカーチには社会的関係の脱人格化の過程を、物象化の経過と同一視するという、極めて問題のある傾向があるということである。よく知られているように、その著書『貨幣の哲学』で、市場に媒介された相互行為の増加に伴って同時に相互行為のパートナーへの無関心が増大するのはどのようにしてなのかという問いを探求したのはゲオルク・ジンメルである[1]。つまり、ある行為者にとって他者が貨幣に媒介された交換行為の相手としてのみ現れてくるやいなや、その人物の取り違えようのない特性がコミュニケーション的な意味を失ってしまうのはどうしてなのかという問いである。ジンメルが分析したこの「モノ化」過程をルカーチは暗黙裡に社会的物象化という過程と同一視し、主要な違いを適切に考慮しない。というのも一方で、貨幣流通によって「脱人格化された」関係でもやはり他者は、ジンメル自身が強調しているように[2]、そもそも責任能力のある交換のパートナーとみなされうるためには一般的な人格特性の担い手として現前しつづけなければならないのに対し、他方で他者の物象化は、［ルカーチにおいては］彼らが人間であることそのものの否認を意味しているであろうからである。それゆえ社会関係の脱人格化は匿名となっている他者の人格としての基礎的な承認を前提としているが、物象化はまさにこの元々あった所与の否認、あるいは「忘却」を含んでいるのである。このような意味で物象化過程は、ゲオルク・ジンメルが経済的交換関係の多様化に基づく消極的自由の増大という見返りとして描いた、社会関係の「モノ化」という一般的な過程と同一視してしまうことはできないのである。

しかしながら脱人格化と物象化の同一視と同様に問題なのは、ルカーチのカテゴリーの体系には、さまざまな物象化の次元のあいだに必然的なある種の統一性を見るという傾向もまた含まれているということである。確かにルカーチは三つの局面を概念的に分けることにも非常に力を注いだ。つまり、他の人物の物象化、対象の物象化、そして自己自身の物象化の区別を彼は試みたのである。しかし同様に自明なこととして彼は同時に、これらの物象化の諸形態のどれか一つが発生した場合にはいつでも、異なる二つの形態の発現が必然的に引き起こされてしまうと仮定していたようである。これら三つの物象化の諸形態が互いに作用しあうことはルカーチには経験的な問いではなく、概念的な必然性から導かれる帰結である。それに対し私たちの分析において少なくとも間接的に示されていたのは、物象化の異なる局面のあいだにはいかなる必然的関連も存在しないということである。そうした関連について語れるのは、他者に対する承認の忘却からの単なる派生と理解しなければならないような客観的世界の物象化を考慮に入れた場合ぐらいであるが（例えば本書92頁以降を参照）、他方で物象化のこの形態と自己物象化が必ずしもからみあっていなければならないというわけではない。ここで興味深いものの、あらかじめ答えを与えることの決してできない問いは次のような問いである。すなわち、人間の物象化は自己物象化という特定の形態をもたらすのかどうか、あるいはそうだとすればどのようにしてか、そして反対に自己物象化は常に他者の物象化をも伴って現れるのかどうか、そして現れるならばどのようにしてなのか、という問いである。そうしたからみあった関係を明らかにできるようになる前に、いずれにしてもさらに分析を進めなければならないであろう。

ルカーチが彼の物象化分析において提示する社会的病因論の第三の問題は、カテゴリーに関するものではなく、事実に関する、あるいは主題についての彼の先行決定に関わるものである。マルクスに倣って、つまり土台－上部構造テーゼに倣って経済領域には高度の文化規定力があると考えるので、結果としてルカーチは取り立てて苦労することもなく経済的な諸現象から社会の他の領域での直接で必然的な結果を推論する。それゆえにルカーチは自明のように、彼がまず最初に、そして本質的にはなんといっても資本主義的な市場流通の領域にだけ確認した、そうした物象化現象が、すべての社会的生活領域に感染すると想定できたのである。確かに物象化をこのように全面化する彼の傾向の公式な説明として、社会全体の「徹底的な資本主義化」という主張が用いられる。しかし家族についても政治的公共圏についても、親－子－関係についてもレジャー文化についても、資本主義市場の諸々の原則によってそのような「植民地化」が実際に生じることについてルカーチは、手がかりすら示してはいない。そのために経済的に理由づけられた物象化の全面化という彼の考えには、常に恣意的なものがこびりついている。もっとも、この考えは脱人格化の過程との同一視に基づいているためにそれはそれですでに疑わしいのであるが。

経済領域の特権化には最終的に、同じようにより主題に関わる第四の問題が関係してくることだろう。この問題は物象化をめぐるルカーチの社会学的説明に触れる際に目に留まるものである。彼の論文のテクストを今日、八十年もの距離を隔てて読むときに驚きと共に、それどころか奇異の念と共に気づくに違いないことは、彼が物象化という現象に総じてただ交換過程との極めて緊密な結びつきにおいてのみ言及していることである。この間、われわれにとって物象化する態度の例として何と言ってもはるかに強烈なすべての事柄、すなわちレイシズムや人身売買における残忍な非人間化の形態の数々を[3]、彼は欄外ですら主題化しない。ある部類の物象化現象全体がこのようにフェードアウトしていることは、ルカーチにほんのちょっとだけ注意が足りなかったかのような、あるいはそのような異常な事象を彼がまだ知りえなかったかのような、偶然のようなものでは決してない。このフェードアウトはむしろ、ただ経済的強制だけがつまりは人間の人間的な特徴の否定を引き起こしうるという先入見と関わる、体系的な盲目性によるのである。一群の人々全体から人間としての尊厳を奪い、そしてそれゆえにただの事物のように現しめる、そうしたイデオロギー的な信条の影響のことをルカーチはまったく顧みるつもりはなかったのである。彼のまなざしはあまりにも一面的に資本主義的商品交通のもつ行動形成的作用にだけ向けられていたので、それ以外の他の社会的な物象化の起源があることに彼は気づくことができなかったのである。

少なくともこれらの四つの問題を鑑みれば、ルカーチの物象化分析の社会学的な説明枠組みに全体として見切りをつけるのは今日では得策であると思われる。確かにルカーチがまず最初に、資本主義的市場交通の制度的拡大に付随して現れうる物象化効果への注意を喚起したいと考えたことはまったく正しい。なるほど彼がこの関連で特に視野に入れていた事実は、われわれが他人間たちをもはやただ商品のようにしか扱わず、そしてそのようにしか見ない場合に、彼ら／彼女らに対して先行する共感と承認をわれわれは再び「忘却」してしまうに違いないという事実である。しかし概念的にも、主題の点においても彼のアプローチは、商品交通と物象化の同一性を明らかにすることにあまりにも強く限定されているので、包括的かつきめ細かな分析のための理論的基礎にはなりえないだろう。

（2）物象化の社会的病因論を根本的に別なかたちで構想し直すために必要である最初のステップに、私は先に言及しておいた。もしすべての物象化の核心がそもそも「承認の忘却」にあるならば、その場合に物象化の社会的原因は、そのような忘却を体系的に可能とし、かつ常態化させる習慣行動ないしはメカニズムに見いだされうるに違いない。しかし今ここで、私がこれまで適切に視野に収めることがまったくできなかった、さらなる別の問題が現れてくる。つまり、他者の物象化と自己物象化は必ずしも一緒に現れるわけではないという事実は、これら二つの物象化のあり方はそれぞれまったく異なった原因によるのかもしれないという結論を導く。確かにそれらの二つの形態ではどちらにしても承認の忘却の様態が問題なのであるが、それらの性格があまりにも異なっているので、おそらくはそれらの社会的来歴、それらが社会的に発生してきたあり方においても互いに著しく異なるであろう。そうした理由から私は二つの物象化の類型を分けて扱い、以降においてそれらが社会的に発生するための考えうる原因を、いくらか正確に特徴づけてみよう。

他者に対して（あるいは他の人間からなる集団に対して）人々が物象化する態度を取りうるのはただ、すでに示してきたように（第四章を参照）、以下の二つの原因のうちの一つによって別の人々や集団に対する先行的な承認を見失ってしまうとき、そのときだけである。つまり、人びとが、先行する社会関係のすべての意識が消え去ってしまうほどに他者を単に観察することが自己目的となっている社会的実践に参加しているか、あるいは行為する際にこのような本源的な承認を後から拒絶することを強いるような信念体系に支配されているのかのどちらかに原因があるのである。これらの二つの事例に共に特徴的なのは、前もって直観的に習得されていることが後から再び忘れ去られてしまうことであるが、第一のケースにおいてだけはある特定の実践を行なうことがそうした忘却を導くことになるのに対し、第二のケースではそれはある社会的な世界の見方、あるいはイデオロギーを身につけることの結果なのである。こうした理由から第二のケースに関しては、物象化はここでは物象化作用を及ぼす信念体系から派生した単なる習慣であるとも言える。この場合に否認の力は特殊なイデオロギーの内容をその源とし、決してある特定の実践に加わって初めて生み出されることはない。

ただこの後者だけが、つまり一面化された実践を行なうことによって物象化する態度が発生するという場合だけが、ルカーチが資本主義的な商品交換をすべての形態の物象化の社会的原因として描く場合に念頭においていたものである。もちろんのことその場合に彼は、すでに言及しておいた脱人格化と物象化のあいだの違いを考慮せずにおいただけではない。経済的交換において双方の当事者たちの法的地位は、ただ物象化するにすぎない態度から互いに彼ら／彼女らを守るのであるが、この事実もルカーチはここで無視している。というのも、そのつどどれほど他者はただ個人的利益を最大化するという観点のもとでのみ見られようとも、彼／彼女が交換契約に法的に加わっているならば、確かに最小限度でしかないとはいえ、自らの人格特性を［相手が］顧慮せざるをえなくさせることはできるのである。[4] この法の保護機能には、結局のところ、先行する承認という事実がわずかに、しかしそれだけいっそう効果的に翻訳されている様が見てとれるのだが[5]、ルカーチは近代法制度自体を資本主義的経済システムが帯びる物象化傾向の産物とみなすがゆえに、それを適切に認識することができない。もちろん、この法の保護機能に着目して主題化された連関は逆に、次の事情に注意を喚起する。つまり、ただ物象化するだけにすぎない態度が生じる可能性は、純粋に「観察する」実践がもはや最低限度の法による承認保証とのそもそもの結びつきを失う程度に応じて常に拡大するのである。観察する、記録する、あるいは計算するにすぎない人間の習慣行動が、もはや法的関係に埋め込まれることもなくその生活世界のコンテクストに対して独り歩きしてしまう場所では、本書であらゆる間主観的な物象化の核心をなすものとして記述してきた、先行する承認に対する無視がいたるところで生じる。今日、そうした人間の物象化という傾向が反映している社会的展開の範囲は、労働契約の法的実質の空洞化の増大から[6]、子どもの潜在的才能をただ遺伝学的にのみ測定し操作するという実践の最初の徴候にまで及んでいる[7]。すなわちこれらの二つの場合には、承認するという本源的経験を拒絶することをこれまで防いでいた制度化された障壁が消えてしまうという危険が迫っているのである。

一見したよりも難しいのは、第二のケースにおいて社会的実践と間主観的な物象化のあいだの関係を特定することである。つまり、そこでは信念体系が他者からなる集団を露骨に物象化する類型化をともなって活発になるのである。確かに私が前に述べておいたように、そうした状況のもとではそのような種類のイデオロギーを受け入れるだけで、先行する承認を主体は拒否してしまうのである。すなわち、われわれはこの社会過程を次のように想定しなければならないだろう。つまり、この過程では、物象化する（女性、ユダヤ人などについての）類型化の作用のもとで当該の人々の集団には、彼ら／彼女らに対して確かに承認の社会的な先行性に基づいて前もって習慣的にまったく自明なものとして人格的特性が認められていたにもかかわらず、その特性が事後的に否認されるのである――そして実際にまさに、人種主義について、あるいは女性のポルノグラフィーにおける表現についての一連の社会学的な説明の試みも、そのような筋道でなされている。しかし、そのようなやり方で説明を試みても、前もって周知であった事実を後から動揺させ、ただ社会的に断片化させてのみ存在させる力を、単なる思考による構成物や記述体系がどうしてもちうるのかは、少しも明らかにはならない。いずれにせよ、すでにジャン＝ポール・サルトルが『ユダヤ人』で示したように、人間存在が純粋に知的なやり方によって、自分とは別の社会集団のメンバーの人格特性を執拗に否認し続けるようになってしまうとは考えにくい(8)。おそらくそれゆえこの第二のケースにおいてもまた、説明する際に実践の要素を考慮し、一面化された実践とイデオロギー的な信念体系とのあいだの互いに関連し合う共作用を前提にすることには、より意味があると思われる。他者を距離を取って単に観察し、道具的に把握する社会的実践は、物象化する類型化を通じて知的に支えられる程度に応じて、より固定化される。そしてそのことと同様に、逆に類型化する記述は他方で、一面的なものとなった実践のために適切な解釈枠組みをもたらすことにより、動機づけのための滋養分を得るのである。このように、特定の人間集団のメンバーのための先行する承認が後になって拒絶されるがために、彼ら／彼女らを「モノ」のように扱えるようにする行動システムが形成されるのである。

（3）他者に対する承認の忘却はその構造から見てもすでに、自分自身が有する表現してもよい性質を否定するタイプの承認の忘却とは大きく異なっているそれゆえ、物象化のこれら二つの形態にまったく同一の社会的な理由を想定しようとすれば、それは極めて納得のいかないこととなるだろう。確かにわれわれが間主観的な物象化についても、自己物象化についても同じように次のことを想定することができる。つまり、これら二つの形態の物象化はただ例外的ケースにおいてのみ主体によって直接的に意図され、それゆえ一般的にはむしろ特定の習慣行動に参加することを通じて匿名的に生み出されるのである。しかしそのことが意味するのは、物象化する態度への傾向を助長するのは二つのケースにおいては同一の習慣行動であるというような、ルカーチがなおも前提していたことでは決してない。それでは、自己物象化という態度を引き起こす特性をもつような社会的習慣行動はいったいどんな性質をもちうるのだろうか。この問いに答えることは決して簡単ではない。しかしながら私は最後に、答えを見つけることができそうな方向を少なくともほのめかしておきたい。

私が示そうとしてきたように、個々人の自己関係もまた、特殊な種類の先行する承認を前提とする。というのも、そうした自己関係が成り立つためには、われわれがわれわれの願望と意図を、自分たち自身の表明しなければならない部分として理解しなければならないからである。他方では自己物象化への傾向は私の考え方によれば、いつも次の場合に生じる。つまり、われわれが自分の心的感覚をただ単に観察されうる対象として、あるいは生み出されうる対象としてしか捉えないことで、この先駆する自己肯定を（既に見た事情にもかかわらず）われわれが忘れ始めるときがそれである。それゆえそのような自己物象化的な態度の原因を、最広義において主体たちの自己表現と関連する社会的習慣行動のうちに探すことはもっともなことである。確かに間違いなく、すべての社会的行為においては常に自分自身の願望と意図への関連づけもまた必要とされていると言わねばならないだろう。しかし、われわれは自分自身の表現のために仕立てられている習慣行動の完全に制度化された領域を見いだすことができる――就職のための面接、特定のサービス提供、あるいは組織化されたパートナー紹介は、ここでさしあたり目につく一例にすぎない。個々人に自らを公表することを要求する、そうした諸制度の性質は、非常に多種多様でありうる。ここで言う多様性は、実験的な自己探求のための余地を残している施設から、当事者たちに単に特定の意図をもっているように装うことだけしか勧めないような制度的手配にまで及ぶことだろう。この今しがた最後に述べた性格をもっている自己表現の諸制度に主体がより強く関与してゆくほどに、人格的な自己物象化への傾向が高まるというのが、私の推測である。個々人に特定の感情をもっていることを装うように、あるいはそれらを自己完結的で、すでに決定済みとして固定するように暗に強いる、そうしたすべての制度的な施設は、自己物象化的態度の形成をするための用意を促すことだろう。

今日そのような方向に向いている制度化された習慣行動の例として、ここでは就職のための面接やインターネットによるパートナー探しを同じように挙げることができるだろう。就職面接の機能とは、かつてはほとんどと言っていいほど、書面による記録や職務に応じて必要とされる資格の証明をもとに、応募者が特定の業務に適合しているかどうかを吟味することであった。それに対し、労働社会学による調査結果によると、このところそれらは次第に頻繁にまったく異なった性格をもつようになっている。就職面接は応募者たちに既に手に入れている資格について報告する代わりに、その労働に将来意欲的に取り組むことをできるだけ［雇用者側に］説得力あるやり方で効果的に演出することを求める。[9] それゆえ、就職面接はますます強引なセールス・トークに近くなるのである。こうした過去から将来へと注意の中心が移動することはきっと当事者たちに、労働と結びついた彼ら／彼女ら自身の態度と感覚を、「対象」のようなものとして将来において彼ら／彼女らが生み出さねばならないであろうものとしてとらえるようになる視座を強制することだろう。より頻繁に主体がそうした過剰な演出要求にさらされるほど、それだけ主体の願望と意図がすべて任意に操作可能な事物という範型にしたがって感じとられることになる傾向が高まってゆくのである。それに対し、自己物象化の別の方向、つまり、自分自身の感覚をただ単に受動的にのみ観察し、記録するだけの方向を今日指し示しているのは、パートナー探しの手段としてインターネットを利用する際に生じてきた習慣行動である。すなわちここで規格化された出会いでサービスの利用者たちは常に、その出会いのために前もって決められている、特定の尺度に従い段階に応じて並べてある項目に彼ら／彼女らの特性を最初に記入しなければならない。他方で彼ら／彼女らは、それぞれが重視する特徴が十分に重なっていることが確認されると、コンピュータに選ばれたカップルとして、互いの気持を電子メールのメッセージで即座に伝えるように奨められる。自分自身の願望と意図が人物どうしの出会いのなかで表現されるのではもはやない、そうした自己関係の形に、このような過程でどのように拍車がかけられるのかを思い描くには、ほんのわずかな想像力があればいいのである。[10] そこでは自分自身の願望と意図は、加速された情報処理によってただ把握されるだけで、いわば商品化されざるをえないのである。

これらの例をもちろんのこと、将来の経過を見通した言明と混同してはならない。そうした例の数々はむしろここでは最終的に、社会的な習慣行動が物象化する態度の形成を促進しうる場合の道筋を、具体的に説明するために役立つ。そこでは、そうした物象化過程が事実として発生することを説明できるような、経験的予言が問題となっているのではない。すなわち、事実的な発展ではなく、ありうべきもろもろの変化の論理こそが、そうした思索が解明できることなのである。しかし終わりにあたってもち出してきたこの考察の独自の位置づけからおそらく導くことのできる帰結は、本書で企図した試み全体に関わるものである。社会批判が過去三十年間のあいだに行なってきたのは、本質的には社会の規範的秩序を、それが正義の特定の諸原則を満たしているのかどうかに照らして判断することだけであった。しかしこれらの社会批判には、そうした基準の基礎づけにどれほど成功し、どれほど根拠づけられるべき観点を分節化していようとも、結局のところ見落としている点がある。つまり、社会は普遍的に妥当な正義原則の侵害とは異なった意味においても規範的に欠陥をもちうることがあるのである。そのような誤りは、おそらくさらに「社会的な病理」という概念を用いればもっとも適切に表現することができるだろう(11)。そしてそのような誤りに対処するためには、今のところ、社会批判の内部ではただ理論的な注意が欠けているだけではなく、それを判断するためのある程度説得力のある基準すらも見あたらないのである。民主主義的社会が自ら自身の社会的政治的秩序を、何よりも正義の基準と関連づけて確かめるという事実を引き合いに出したとしても、このような［自己］限定は正当化できるものではない。というのも民主主義的公共圏における協議にしても、あらゆる正義をめぐる考察の向こう側で特定の社会の発展が普遍的に望ましいと見なされうるのかどうかという問いを突きつけるような、もろもろの主題や挑戦に絶えず直面しているからである。しばしば「倫理的な」と呼ばれる、そうした問いに答える場合に哲学から着想を得ている社会批判は、犯すべからざる解釈という高みを当然のことながら自らのために要求してはならない。しかし、社会批判は社会存在論を拠り所にしながらありうべき変化の論理への示唆を与えることによって、公共圏における討議にしっかりした論拠を与え、そのようにして討議に刺激を与えることに外側から寄与することができる。ルカーチの物象化概念を承認論的に再定義するという私の試みは、まさしくそうした課題に由来する。ルカーチは八十年前に、十分とは言えない理論的手段と極端なまでに誇張した一般化によってではあれ、社会のある発展を予見していた。そして彼が見た方向にわれわれの社会が向かっているのではないかという不安を抱かなかったとしたら、私がこの試みに着手することはなかったにちがいないのである。

（1） Georg Simmel, *Philosophie des Geldes*, in: ders., Gesamtausgabe, Bd. 6, Frankfurt/M. 1989, bes. IV. Kap.（居安正訳、『貨幣の哲学』、白水社、一九九九年、特に第四章）

（2） ebd., S. 397.（同書、三一八ページ）

（3） このことについて、より深い分析としては以下のものを参照のこと。Avishai Margalit, *Politik der Würde. Über Achtung und Verachtung*, Berlin 1997, 2. Teil, 6.

（4） カントが婚姻契約を擁護するのはこうした考察に拠っている。そしてこの擁護をカントは、セクシャルな関係における相互的な物象化の危険を防御する手段であると理解していたと解することが、明らかに可能である。この構想の強みと弱みについては以下のものを参照。Barbara Herman, »Ob es sich lohnen könnte, über Kants Auffassungen von Sexualität und Ehe nachzudenken?«, in: *Deutsche Zeitschrift für Philosophie*, 43/Jg./1995, H. 6, S. 967-988.

（5） 典型的なものとしては以下の著作を参照のこと。Joel Feinberg, »The Natur and Value of Rights«, in: ders., *Rights, Justice, and the Bounds of Liberty. Essays in Social Philosophy*, Princeton 1980, S. 143ff.; Axel Honneth, *Kampf um Anerkennung. Zur moralischen Grammatik sozialer Konflikte*, Frankfurt/M. 1992, S. 173-195.（邦訳は一四四—一六三ページ）

（6） とりわけ以下のものを参照のこと。Robert Castel, *Die Metamorphosen der sozialen Frage. Eine Chronik der Lohnarbeit*, Konstanz 2000.

（7） Andreas Kuhlmann, »Menschen im Begabungstest. Mutmaßungen über Hirnforschung als soziale Praxis«, in: *WestEnd. Neue Zeitschrift für Sozialforschung*, Jg. 1/2004, H. 1, S. 143-153. を参照。

（8） Jean-Paul Sartre, »Überlegungen zur Judenfrage«, in: ders., *Überlegungen zur Judenfrage*, Reinbek bei Hamburg 1994, S. 9-91.（安堂信也訳、『ユダヤ人』、岩波書店、一九五六年、一—一八九ページ）。女性の客体化の「主知主義的」説明についての同様に説得力をもつ批判を、キャサリン・マッキノンは行なっている。Catharine MacKinnon, *Feminism Unmodified*, Cambridge（Mass.）1987. を参照。

（9） この展開への示唆を私はシュテファン・フォスヴィンケルから得ている。彼はフランクフルト社会研究所においてドイツ学術振興協会から資金援助を受けた就職面接の構造転換のためのプロジェクトを実施している。

（10） 例えば以下のものを参照のこと。Elizabeth Jagger, »Making the Self, buying an other: Dating in a post modern consumer society«, *Sociology. Journal of the Britisch Sociological Association*, Jg. 32, H. 4, 1998, S. 795-814.

（11） Axel Honneth, »Pathologien des Sozialen«, in: ders., *Das Andere der Gerechtigkeit. Aufsätze zur praktischen Philosophie*, Frankfurt/M. 2000, S. 11-69.（邦訳は三—七一ページ）

訳者解説1

宮本真也

本書は Axel Honneth: *Verdinglichung. Eine anerkennungstheoretische Studie*, Suhrkamp, Frankfurt am Main 2005 の邦訳である。また、本書はすでに英訳（*Reifcation. A New Look at an Old Idea*, Oxford University Press 2007.）もされており、訳出にあたってはこの英訳も参考にした。この英訳について詳しくは「訳者解説2」にゆずることにするが、ここにはマーティン・ジェイ、ジュディス・バトラー、レイモンド・ゴイス、ジョナサン・リアによる批判的なコメントと、ホネット自身による応答も収められている。この英訳に寄せられたコメントに対してホネットは、その後パリで行なわれた講演などで説明、補完、場合によっては修正などを試みている。二〇一〇年三月末にホネットは日本に来日し、二一日に日本社会学理論学会研究例会（日本社会学理論学会主催、明治大学現代社会研究所、同情報コミュニケーション学部ジェンダーセンター、立命館大学生存学研究センター共催）において講演を行なったが、そこでの内容は、このパリ講演と同一である。なお、この発表原稿は、ドイツ語で執筆、講演され、上記学会の年報『現代社会理論研究』第五号（二〇一一年）に掲載される予定である（出口剛司と宮本真也による共訳）。

著者のホネットは一九九六年よりフランクフルト大学の哲学および歴史科学部の社会哲学講座の教授であり、二〇〇一年四月からはフランクフルト社会研究所（ＩｆＳ）・所長も兼任している。フランクフルト社会研究所で思い起こされるのは、いわゆる「フランクフルト学派」であろう。つまり、マックス・ホルクハイマーによる「批判理論」の構想のもとで、テオドール・W・アドルノや、ヘルベルト・マルクーゼ、エーリッヒ・フロム、ヴァルター・ベンヤミンなどにより一九三〇年代に形成された、あの学際的な知的集団である。ホネットは彼らの強い影響下で独自の批判的社会理論を構想しており、その意味で「批判理論」の現代における代表者と呼ぶことができる。また、二〇〇七年三月以降は国際ヘーゲル協会（Die Internationale Hegel-Vereinigung）の会長も務めている。

ホネットと「フランクフルト学派」との直接的なつながりは、八三年に始まる。重要なきっかけとなったのは、ユルゲン・ハーバーマスによる「コミュニケーション論的転回」である。ハーバーマスはこの転回の集大成として『コミュニケーション的行為の理論』（一九八一年）を完成させ、二年後、正教授としてフランクフルト大学からの二度目の招聘を受けた。ホネットは当時、ベルリン自由大学社会学部のウルス・イェッギ教授のもとで研究助手をしており、ホルクハイマー、アドルノ、ハーバーマスの理論に取り組んでいた。そのときに彼の仕事のうちでコミュニケーション的パラダイムへの転回の可能性と問題点を扱ったものがハーバーマス本人の目にとまり、ホネットは研究奨学金への推薦と共にフランクフルト大学助手として呼ばれることになったのである。ナチス体制が崩壊し、社会研究所が再建された際に、亡命から帰還したアドルノがハーバーマスを研究助手として採用したことと重ね合わせてみたくなるエピソードである。こうした事情もあるので、ホネットが「フランクフルト学派の第三世代」として、ハーバーマスとともに「学派の後継者」と紹介されることもあるのだろう。以降の経歴についてはすでに法政大学出版局から出版されている『権力の批判——批判的社会理論の新たな地平』（河上倫逸監訳、一九九二年）、『正義の他者——実践哲学論集』（加藤泰史、日暮雅夫他訳、二〇〇五年）、『承認をめぐる闘争——社会的コンフリクトの道徳的文法』（山本啓、直江清隆訳、二〇〇三年）などの訳者による解説に詳しいので、そちらを参考にされたい。また、最近では、ヘーゲル法哲学を哲学的な同時代診断の試みとして読み解いた『自由であることの苦しみ——ヘーゲル『法哲学』の再生』（島崎隆、大河内泰樹他訳、未來社、二〇〇九年）もまたすでに邦訳されている。

ホネットの経歴を「フランクフルト学派」と関係づけて紹介したものの、私はそれをできるだけ慎重に受けとめることを読者に期待したい。それは「フランクフルト学派の後継者」という「世襲の物語」が強調されることを避けたいがためである。私自身もホネットが「フランクフルト学派の第三世代」と呼ばれることに戸惑いを感じると、やんわりと否定しているのを耳にしたことがある。なによりもハーバーマスにしろ、ホネットにしろ、彼らの自己理解に照らせば「フランクフルト学派」は戦後のフランクフルトには存在していない。アドルノが社会研究所・所長を務めていた時代から、ホネットが所長に就くまでのあいだ、個々の業績が紹介されることはあっても、知的集団としての彼らの営みを知ることはまれであったはずである。このことも鑑みて私は、可能な限りこうした解釈を弱めて、本書を読まれることを期待したい。

他方でホネットについて、アンチ第一世代（特にアンチ・アドルノ）や、ハーバーマス主義者という強い解釈を鵜呑みにすることも誤解のもとである。というのも、本書に限らずホネットは、そのような「分かりやすい」立場を取ってはいないからである。もちろん、ホネット自身もハーバーマスのコミュニケーション論的転回の強い影響下にあることは否定していない。そして、『権力の批判』に代表されるようにコミュニケーション・パラダイムからアドルノの哲学を厳しく問い直す試みも行なっている。しかしホネットが独自の視点からハーバーマスに対して批判的な読解を展開していることも注目されたい。ハーバーマスの論集である『新たなる不透明性』に収録されているインタビュー(「合理化の弁証法」)からも、質問者としてホネットがいかにハーバーマスの議論に立ち向かっているのかをうかがい知ることができる。

本書『物象化』においても、ハーバーマスのコミュニケーション・パラダイムに対してホネットがどういう態度をとるのかは重要である。やや誇張すると、本書によって初めてホネットは、承認するという態度がコミュニケーション的行為にたいしてどのような関係にあるのかをほのめかしている。独自の承認論的アプローチからハーバーマスのコミュニケーション・パラダイムを乗り越えようとする試みは、ホネットの仕事の重要なファクターのうちの一つである。最新の精神分析学的、あるいは心理学的議論や、道徳哲学、分析哲学(心の哲学)の展開を踏まえて、すでにある哲学、思想のライトモチーフを読み替えていくという手法は、ホネットが得意とするものである。この手法を用いながら、本書でも公式にはゲオルク・ルカーチの議論と立ち向かいながら、非公式には現代の批判的社会理論が支持すべきパラダイムについての再検討がなされている。付け加えるなら、本書ではホネットの近年の顕著な傾向を垣間見ることもできよう。一九九〇年代後半からホネットは、その視座転換のきっかけとして、特に頻繁にアドルノのモデルに、あるいはアドルノとホルクハイマーの共著である『啓蒙の弁証法』に由来するモデルに再解釈を加え、現代における社会批判と社会理論の試みに対してアクチュアルなものにする作業を行なっている。本書ではこれまでの試みが統合されていると同時に、新たな展開を読みとることもできるだろう。

例えば、『正義の他者』に収められている論文「世界の意味地平を切り開く批判の可能性」（邦訳は七二頁）においては、『啓蒙の弁証法』における批判のあり方を、七〇年代から八〇年代にかけてホネット自身が試みた分析とは違う視座から検討している。さらには、J・ロールズやハーバーマスが行なうような普遍的な正義原則に照らした「強い」タイプの批判の有効性は認めた上で、その限界を指摘し、こうしたタイプの批判では問題点を明らかにはできない社会的な不正があることを指摘する。そしてホネットは、この種の不正である「社会的な病理」の解明を目指し、世界の意味地平を切り開く技法を用いる社会批判の典型として『啓蒙の弁証法』を再評価するのである。ハーバーマスの「生活世界の植民地化」テーゼにおいては周知のように、意識の物象化ではなくコミュニケーションの物象化を批判し、生活世界のコンテクストに属す行為領域がシステム（行政と経済）領域からの命法に浸食されている事態を近代化（モデルネ）の病理として描き出した。しかし、このタイプの社会批判は、コミュニケーション関係とは別の次元に原因を持つ「社会的な病理」に感応することはないのである。

あるいは、二〇〇三年にフランクフルト大学でアドルノの生誕百年を記念する国際会議（「Th・W・アドルノ国際会議（die Internationale Theodor W. Adorno-Konferenz）」*）でホネットが試みた、彼の資本主義社会分析の再構成を挙げることもできる。ホネットの解釈によると、アドルノの社会理論を記述的で説明的な理論として読もうとすれば、彼の議論の哲学との、特に美学との連関をとらえ損なう。アドルノは初期から一貫して、社会的現実を自然史的宿命の解釈学という観点からとらえようとしていた。アドルノは常に、資本主義社会において物象化され、硬直してしまった社会関係、つまり第二の自然を、ルカーチから刺激を受けながらも、ルカーチとは別の方法で分析、克服する方法を模索したのである。つまり、アドルノの社会理論において形而上学的な歴史哲学に見えたものは第二の自然の形成の系譜学であり、社会学的な諸論文は資本主義的生活形態の観相学なのである。そしてこの生活形態のもとでわれわれが否応なく抱く苦悩（Leiden）にアドルノが見るのは、理性の解放への関心である。われわれが苦悩するのは、理性の能力が歪曲されていることに主体が関心を抱き、それを感じることができるからにほかならない。ここでアドルノが拠り所とするのは、本書でも重要な役割を担っている「模倣的理性」という考え方である。この発想によれば、愛情に満ちた気遣いを感じる関係での模倣的な態度だけが、準拠する人物の視座の学習を可能とし、人間を理性能力に到達させる。そしてここでホネットは、アドルノが物象化と理解していたものを、主体の再中心化（Rezentrierung）（＝脱中心化の逆転）と解釈する。つまり、「模倣的理性」によって主体は脱中心化し客観的観察や判断が可能となっていたのに、資本主義的文化における特定の実践になじんでしまうことで、模倣によって学習された他の人々の視座と、その視座から世界をとらえる術を忘れてしまうのである。

＊　この国際会議については、以下の論文集が公刊され、ホネットの報告も改稿された後に、収められている。Axel Honneth (Hrg.), *Dialektik der Freiheit - Frankfurter Adorno-Konferenz 2003*, Suhrkamp, 2005. 現在、この報告はホネットの以下の論文集にも収められている。Axel Honneth, *Pathologien der Vernunft - Geschichte und Gegenwart der Kritischen Theorie*, Suhrkamp, 2007.

もとになった講演の時期から察しても、本書『物象化』もまたこうした問題関心を持って執筆されたことは想像に難くない。ここでは物象化現象を、先に言及した意味において「社会的な病理」として読むことが試みられている。そもそも物象化問題は、特にアドルノやマルクーゼなど初期フランクフルト学派のメンバーにも大きな影響を与え、ハーバーマスの初期の仕事においても、社会批判の課題のうちでもっとも重要なもののうちの一つである。* それゆえに、これまでの批判的社会理論の諸バージョンに対して継承と解釈、そして読み替えが試みられることは不可避であるに違いない。本書はまず「あらゆる物象化は、忘却である」という『啓蒙の弁証法』からのエピグラフで始められている。この言葉はさらに承認論的アプローチから、準拠人格とのまなざしの交換において子どもが示す「模倣する理性」の活動と結びつけられ、忘却されるものがなにかについての解釈の提案がなされる。この『ミニマ・モラリア』からの着想は、後でも触れるように、承認的態度をめぐる相互主観性の別の次元を切り拓くための鍵となっている。本書『物象化』は社会理論と社会批判の歴史において重要な位置を占めている現象と概念の再解釈を試み、「復権（Rehabilitierung）」することをメインテーマとしつつも、批判的社会理論の新しいパラダイムへの移行を隠れたプロジェクトとしていることにも注意をされたい。

＊ ハーバーマスは博士論文の完成直前で『歴史と階級意識』を読み、その影響から序文を書き換えたと言われている。しかしハーバーマスの証言によれば、彼の学生時代にはもはやルカーチの『歴史と階級意識』を読むことは珍しいこととなっていたという（「合理化の弁証法」、『新たなる不透明性』、河上倫逸監訳、松籟社、一九九五年、一二八頁）。

本書の内容について

「復権」が必要であるという背景には、「はじめに」でも語られるように、社会批判、社会分析のディスクルスにおける「物象化」概念への長きにわたる思考停止状態がある。確かに『歴史と階級意識』で展開されたゲオルク・ルカーチの議論は、一九二〇年代のヴァイマル共和国に生きる人々の主観的世界、客観的世界、社会的世界の全域にわたって蔓延しつつあった道具的処理、打算の一つ一つを、社会的物象化という運動の分母に乗せて分析することを可能とし、あらゆる世代の哲学者、社会学者を駆り立てた。しかし、第二次世界大戦後、物象化というカテゴリーが同時代診断や社会分析において用いられることは少なくなり、概念としては自明なものとして扱われこそすれ、批判的検討にさらされることはわずかな例外を除けば失われたという。ここで例外として念頭に置かれているのはアドルノに代表される初期フランクフルト学派の思考と、学生運動の時代に一時のあいだ活況を見せたルカーチ研究である。

しかし、この状況に近年、変化が見られることにホネットは着目する。「物象化」と呼びたくなるものの、ヴァイマル共和国の時代の哲学者の用語法と解釈の範囲を越えてしまっているいくつかの事態が、この概念の意味変更を迫っているのである。ホネットは以下の四つの事態に「物象化」が、もう一度知的討議の舞台でそのアクチュアルさが問われる必要性を見いだすのである。

1. 文芸作品の登場人物に見いだされる、感情や共感を欠いて関わり合うという諸傾向
2. 文化社会学、社会心理学で指摘される、目的に応じた感情的自己操作
3. 代理母、恋愛関係の市場化、セックス産業の展開に見られる、道徳的、倫理学的に問題とされる

他の人格の道具的利用

4．脳神経科学における、人格への配慮に対する観察という態度の優位

これらの事態のうち、私たちは少なくとも3と4になんらかの道徳的、あるいは倫理的規則への侵害を見てとり、それゆえに疑問や異議を抱く。それに対してルカーチはいわば公式の解釈において、そもそも「物象化」の問題群を道徳や倫理といった規範的コンテクストとは切り離す。すなわち、ホネットによればルカーチは「われわれの生活形態を理性的なものとする人間的実践や態度様式」（本書一四頁）からの逸脱としてのみ物象化をとらえ、それらを批判するための礎は社会存在論ないし哲学的人間学によって明らかにされると見なしているのである。

ルカーチの物象化

ホネットはまずこの物象化の解釈の検討を行なう（第一章「ルカーチにおける物象化」）。ルカーチはそこで物象化を、資本主義社会の成立と共に人びとが互いに同胞として商品交換に入り込むことで、否応もなくとらざるをえなくなる全体的な態度変更の結果とする。すなわち、目前の対象がモノとなり、向き合う人物が客体となり、そして主体自身とその能力までもが資源としてしか考慮されない、そうした態度である。客観的世界、社会的世界（相互主観性の世界）、そして主観的世界にわたる道具的態度の徹底化であるこの態度が、人間の「第二の自然」として、あくまでも認識のためのシェーマとして固定化することに誤りがあるとルカーチはとらえるのである。しかし、ホネットにとってルカーチの議論が曖

味だと感じられるのは、この第二の自然について議論が、ルカーチが断定しているほどに社会存在論的次元で閉じられてはいないことである。現にルカーチ自身は経済的取引関係の及ばない領域にも「物象化」を見ている。その転用のケースではルカーチ自身も、物象化が向けられる対象（モノ、人物）の側での変容ではなく、持続的に物象化する態度が取られた場合に主体の側で生じる変容を視野に収めていたのである。つまり、「静観」や「無関心」、感動のない受動的な傍観者としての態度が常態化して「第二の自然」となる事態である。このようにルカーチが記述する「物象化」は、単なる認識上の誤りとして修正できるほど単純なものではないにもかかわらず、彼は「物象化」を道徳的不正という観点から見るべきではない、あくまでも社会的事実としてとらえようとするのである。このルカーチの「物象化」を言い当てる選択肢として残されるのはもはや「全体として誤った実践の形態」、「人間の実践の本来の、あるいはよりよき形態の諸規定に反する習慣や態度」（本書二六頁）ぐらいしかない。しかし「物象化」の議論を正当化するために、フィヒテの「歪められていない活動性」という観念論的モデルとの関連から「真の」人間的実践を摸索することは、ホネットから見れば途方もなく困難である。ホネットがルカーチの議論のなかで注目するのは、人間が自分自身と、その周囲の世界に対して共感（Anteilnahme）を含んだ態度で関係を取り結ぶ、そのあり方に他ならない。すなわち、ルカーチが観念論的な表明を行なうあいだにもたびたび言及している、経済的交換関係によって根こそぎにされてしまった共感、関心という態度という観点である。

共感、気遣い、根源的経験

「真の」実践の全体的な損壊に物象化の問題性を見るルカーチの公式の表明の背後で、ホネットはルカーチが非公式ながら同時代の二人の哲学者、マルティン・ハイデガー、ジョン・デューイと、驚くほどに類似した考えを共有していたことを指摘する（第二章「ルカーチからハイデガー、デューイへ」）。

ハイデガーとの関係においてルカーチに、ホネットは次の三つの共通点を見いだしている。まず第一に両者は近代哲学の袋小路の原因である主体‐客体の二元論を疑問視し、「認識する主体を世界に対して中立的に対立させるような支配的観念を浸食あるいは『破壊』しよう」（本書三五頁）とした。また、第二にハイデガーの「気遣い（Sorge）」とルカーチの共感的実践は共に、資本主義のもとで進行する物象化で損なわれるものを指示しており、現実に対する中立的な態度では消失してしまう世界の意味をそもそも開示する。また、この解釈において物象化された状況は、実際には配慮と実存的共感の領域を完全に消え去らせるものではなく、いわば「誤った解釈枠組み、すなわち人間の本当の存在様式があるという事実を隠す存在論的ヴェール」（本書三八頁）と考えられている。最終的にルカーチとハイデガーは共に、物象化された実践とは別の本源的な気遣いという性質を持つ実践が、誤った解釈をされることはあっても、完全に消失されるとは考えない。両者にとって前反省的知や原初的な行為の残滓として残り続け、批判的に介入することで再び意識化できる。この意味で共感的態度は誤った存在論の優勢ではなく、商品交換が主体の解釈に及ぼす強制によって中立的な観察という態度に場所を明け渡すことになるのである。

ルカーチとハイデガーの共通点から、ホネットは、今日「参加者の視座」と呼ばれているものとの関連に言及する。中立的で観察するに過ぎない態度に対して、視座の受け入れと行為の理解に特徴づけられた「参加者の視座」は、コミュニケーションの合理性を保つために不可欠なものとされる。しかし、ホネットはこの「参加者の視座」を引き受けるということ以上の、そのこととは別のことを、ルカーチ、特にハイデガーが「気遣い」や「共感」という言葉で考えていたことを指摘する。この指摘は、ハーバーマスのコミュニケーション・パラダイムに対する批判的検討の序ととらえることができよう。コミュニケーション的な態度とされるものは、ルカーチとハイデガーの試みにおいては、「前もって常に肯定的支持の、実存的好意の契機において結びつけられており、そういった契機は理性的に動機づけられているることに求めても十分には明らかにされない」(本書四三頁)のである。人間と世界のあいだの関係は、ルカーチとハイデガーの主張にしたがうなら、情緒的に関係づけられ前もって肯定的に応じるという態度に発生的にだけではなくカテゴリー的にも結びついていて、感情的に中立な態度も、この態度から生じる。この解釈において「物象化」とは、主体が共感するという態度を取れなくなり、環境もまたただの「事物的存在者(Vorhandenes)」以上の意味を喪失する、そうした事態を表している。

ジョン・デューイもまた『歴史と階級意識』刊行後、すぐにルカーチやハイデガーと類似した思考を公にしているという。このデューイの思考はホネットにとって、ハイデガーの「気遣い」という概念を「承認」というヘーゲルに由来する概念に移行させるための重要な橋渡しの役割を担うのである。

ホネットによるとデューイは他の二人の思想家と同様に、われわれ人間は世界に対してまず第一に認識されるべき客体として中立的に向き合うという理解に否定的である。その理由は彼が、ある人格が特定の状況で向き合うものには、他の人格であろうと、物的な対象であろうと、そこにはまず根源的な質が経験されると確信しているからである。この根源的な質は感情的、認知的、意志的要素などの区別を越えて、第一にわれわれが世界に対して「実存的に隔たることなく、そこへと実践的に関与していく」（本書四七頁）ことによってのみ、われわれに対して開かれるのである。ホネットはこのデューイの議論に着想を得て、「承認する態度」の意味を拡充する。つまり、彼は「感情的に中立化された認識という態度で前もって世界と関わるのではなく、どこまでも実存的な色合いを帯びた支持的な心配りという態度で関わる」（本書四七頁）根源的なあり方を「承認」と名づけるのである。そして、この承認が認識に対して、発生的にも概念的にも優位を占めるという主張を、ホネットはルカーチ、ハイデガー、デューイと共に基礎づけようと試みるのである。

承認の優位

認識に対する「承認の優位」（第三章）という課題をホネットは、まず発生的に、次に体系的あるいはカテゴリー的に明らかにする。

まず発生的側面における「承認の優位」の基礎づけは、これまで支配的であった認知主義的な発達心理学、社会化研究のドグマの検討から開始される。ここで言及されているのはピアジェとG・H・ミード、あるいはドナルド・デイヴィッドソンとフロイトをそれぞれ結合した類の、理論社会学の教科書においても必ず目にする学説である。つまり、子どもは発達過程においてその認知能力を向上させるために、まずは準拠人格の視座の引き受けができることで自己中心的な視座は脱中心化してゆくというような議論である。最近になってこの議論について頻繁に指摘されつつあるのは、こうした議論が子どもと準拠する人物の関係における情緒的側面をいかに軽視してきたのか、ということである。

この傾向のなかでホネットが着目するのはピーター・ホブソンとマイケル・トマセロの自閉症発症の仕組みについての研究成果である。彼らの経験的比較によれば、自閉症発症の原因と考えられるのは、体質的障壁のために子どもが初期に準拠する人物とのあいだでの紐帯感を育むことが阻まれていることだという。そしてこの紐帯感のなかで他者と感情的に同一化することができてはじめて、ホブソンとトマセロによると、「シンボル的思考を展開できるようにする視座の引き受け」（本書五八頁）が可能になる。つまり、「ごっこ遊び」などを通して二人称の（具体的な他者、そして一般化された他者）の視座を引き受けることが、ミードにとっては客観的に対象を認知することを学習して行くための原点であった。それに対して、ホブソンとトマセロが主張するのは、さらに早いうちから乳児は大人のまなざしを理解し、自分へのまなざしを要求すること、そして指さしなどによって自分と同様に、ある対象にまなざしを向けること（共同注意）を要求するということである。「九ヶ月革命」と彼らが呼ぶこの時期の子どもが見せる相互行為における着目すべき進歩は、彼らによると、なによりも子どもたちの準拠する人物たちの感情に対する感応能力の発達によるものであり、感情的同一化を可能とする。そしてこの過程を経て子どもはやっと自分自身の視座から離れることができる。ここにいたって初めて子どもは準拠する人物とのコミュニケーション的な身振りに多様な態度と意味を理解する術を模倣的に学習し、客観的に見ることとも学ぶのである。

このホブソンとトマセロの主張に、ホネットはアドルノの議論との類似性を見出す。「人間は他人を模倣することで、はじめて人間となる」こと、そしてこの類の模倣は「愛の原形」であることを、アドルノは『ミニマ・モラリア』においてすでに確信していた（本書六一頁）。アドルノにとっても、実存的で感情的な他者への関与ができることは、子どもが世界に対する他者の視座を意味のあるものとして受けとめることができるための重要な条件であった。ホネットによるとアドルノは、個体発生において情緒的承認が非認識的前提として、世界を客観的に認識することに先立つと考えていたのである。

こうした発生論的な承認の認識に対する優位に続いて、ホネットは概念的な意味でも前者が後者に先立つことを明らかにしようとする。その際に彼が引き合いに出すのがスタンリー・キャヴェルである。彼が目指すのは、日常的な相互行為や、そこで交わされる願望や感情の表現を優勢な認識論的モデルから治療的に解放することである。例えばキャヴェルからすれば、一方で他者の内面について直接的に知ることができるという立場も、他方でそのような知の不可能性を主張する懐疑主義者たちも、他の主体を理解することを知の対象としてしまう点で間違っている。自らの痛みや嫉妬について主体ですら「知る」というには、あまりにもそれらから感情的な影響を受けているのである。では、キャヴェルはここからなにを導き出すのだろうか。

キャヴェルはサルトルの分析と類似して、ある感情の表現を向けられた二人称の人物が、言語を通じてそれに応じることについての興味深い主張を行なっている。ある人物による感情の言語的表現は、ある内面の状態をめぐる知の表明と理解してはならず、相手の注意を自分に向けさせ、そして相手を自分の感情世界に実存的に引きこむ行為ととらえなければならない。それゆえに、この感情の表現に対して応答することも、話しかけられた側が注意を向けた感情を適切に返答しなければならない内容と性質を持つものとして受け入れ、「共感」を表明していることと理解しなければならないのである。このように向けられた行動表現に対して、「共感」をもって相応に応えることをキャヴェルは承認と呼び、他者の感情や願望を理解するための非認識的前提とする。

こうした立場はルカーチ、ハイデガー、そしてデューイの確信していた認識に対する承認の先行性とも一致する。彼らもまた、中立的、観察的な態度以前に、われわれが共感や気遣い、そして実践的な関与をもって世界と交流していることを重視していた。ホブソンとトマセロの発達心理学的な研究成果は、この立場を個体発生的な意味で支持するものである。キャヴェルが言語分析の手法で認識優位の哲学に対して承認の防御を試み、「社会的相互行為の織物は…（中略）…認識行為ではなく承認的態度から織りなされている」（本書六九頁）と言うとき、そこではより強いテーゼの妥当要求が掲げられている。つまり、彼の分析によるならば、われわれがある一定の種類の言語表現の意味を理解するためには、われわれは承認的態度でのぞまなければならない。ここでキャヴェルはカテゴリー的意味において承認の優位を表明するのである。

承認の忘却

このようにルカーチが物象化論において言及していた積極的な共感と実践的な関与は、いまや、人間の社会行動における発生的であると同時にカテゴリー的な意味を持つものとして理解される。そしてルカーチの議論もまた、ハイデガー、デューイ、ホブソンとトマセロ、キャヴェル、そしてアドルノたちの議論の検討を経て、認識に対する承認の優位というテーゼを支持することが示されるのである。

もちろん、ルカーチと他の論者のあいだには大きな違いも存在する。特に物象化と共感する態度のあいだの関係については、一見して分かりにくいが、実のところは事態の理解において本質的な違いがある。端的に示すとルカーチは物象化という現象を習慣的に硬直した視座として、共感をもって関わるという視座と純粋な対立関係に置く。そして、ルカーチは物象化的な態度を、中立化し客体化する思考と同一のものと見なし、先行的な承認する視座を根絶してしまうものととらえている。こうした理解が、比較してきた他の論者たちの理解といかに異なっているのかは明らかである。「気遣い」、「質的な根源的経験」、「承認する態度」などはすべて、世界あるいは人物についての理解にいたるためには、どうしてもとらなければならない実践的で、非認識的な条件であり、世界あるいは人物を客体化することの単なる対立物ではなく、それらに先行するのである。

ホネットは、ルカーチが行なうように「承認する態度」の痕跡がいっさい残されていないほどに物象化が貫徹した世界を描くことにも異を唱える。「承認する態度」「承認の優位」テーゼの他の支持者たちの議論に従うなら、承認は認識に先立つものであり、さらには認識のうちには「承認に敏感な認識の形式」と「先行する承認に由来しているという感覚がもはや失われているような認識の形式」（本書八二頁）とのあいだの違いに留意しないといけない。物象化で問題であるのは、物象化によって共感的態度が閉め出されていてしまうことなどではないのである。ここでホネットが提示するのが「承認の忘却」テーゼである。「承認の優位」を表明するなかでアドルノが幾度も強調していた事態が、このテーゼのヒントとなっている。アドルノによると、われわれの概念的思考の適切さと質を決めるのは、なによりもそれらの思考が愛情をよせる人格や事物と結びつけられていることが、どの程度まで意識され続けているかなのである。つまり、先行的な承認という態度があることを思い起こすこと、反省的に意識されていることこそが、「対象を具体的な個別性をまったく損なうことなくとらえる」（本書八四頁）ことの不可欠な前提なのである。

他の「承認の優位」の支持者たちもこのことに気がついていたがゆえに、社会的世界の現状に対して治療的に介入する。彼らはそれぞれの観点から、反省的な活動すべてに先立って承認がなされていることが忘れ去られるときに、社会的な病理や懐疑主義、あるいは同一性思考が社会において優勢となり始めてしまうと見ていたのである。承認は消去されたり、閉め出されるのではなく、忘却されるのである。この記憶の喪失（Amnesie）という契機にホネットは「物象化」概念を新しく規定するための鍵を見いだすのである。「われわれが認識を遂行するさいに、それ自体が承認するという態度に基づいていることについての感受性を失う程度に応じて、われわれは他の人々をただ感覚を欠いた対象のように知覚するという傾向を強めてしまうのである」（本書八五頁）。

この承認の忘却において他の人々が対象や事物となることは、さらに彼女／彼らからの感情、願望の表現からわれわれに寄せられた応答してほしいという要請を見えなくさせ、それらの理解に向かうことまでも忘れさせる。相手の感情と願望にわれわれ自身も刺激され、心を動かされて、相手とのうちに結びつきの感覚が失われることを、承認の忘却は招いてしまうのである。この意味においてホネットは承認の忘却を物象化現象の核心とするわけである。

しかし、先のルカーチによる物象化論が抱えていた「全面化する物象化」というイメージを克服するために、ホネットはこの記憶の喪失についてさらに注意深く意味を付け加える。承認の忘却が進んだ状態を想像してみても、ルカーチと同様に完全に承認という行為の痕跡を跡形もなく忘れきってしまうというイメージでとらえることをホネットはしない。承認をめぐる事実が「意識の上で背景に退き、それゆえ視野から消えることを余儀なくする現象、すなわち一種の注意の減少（Aufmerksamkeitsminderung）」（本書八七頁）こそが、承認の忘却としての物象化現象なのである。

物象化の三つの次元

物象化現象の真の原因が、先行する承認という事実が忘却されてしまうことだと確認したうえで、ホネットはこれまであまり区別を設けずに論じられていた物象化の諸相を区別することを試みる。物象化現象を承認論的アプローチから分析してみれば、彼の時代の社会状況について優れて包括的な社会批判的な直観を抱きながら、ルカーチがいかに偏りのある分析をしていたのかが見えてくる。ホネットの指摘によるならば、この原因は第一にルカーチによる資本主義的経済活動に対する特権化にある。このことについて後述するようにホネットは最終章（第六章「物象化の社会的起源」）で考察を加えている。ルカーチの描写においてもすでに（1）相互人格的な世界（他の人々）、（2）物理的な環境、（3）主観的世界（自己）が物象化されることはほのめかされている。しかし、それがいかに生じるのかについては曖昧で区別はなされてはいない。この傾向に対しホネットは承認論的アプローチから物象化現象を三つの次元に分節化して論じる。

（1）他の人々に対する物象化という現象について、ホネットは二つのパターンの典型的な承認への注意の減少を挙げる。つまり、「認識するという態度がその目的の独り歩きによって一面化したり硬直したりするケースか、先入見やステレオタイプのために承認という事実を事後的に拒否する第二のケース」（本書八九頁）の二つである。前者の具体的でありふれた例としては、本当は親交を深める目的で始めたスポーツの試合なのに、勝つために相手を観察し認識する態度が全面化するようなケースをホネットは挙げている。すでに友人として互いに承認を向けあい、さらに関係を良好にしていく意図が、観察という目的が優位に置かれてしまう習慣行動に入り込むことで意識から遠ざかってしまう典型である。二つ目のケースは先入見やステレオタイプのために承認の事実を、「事後的に拒否する」かたちでなかったものとされるような事態を示している。この二つ目のケースには、ホネットが最終章で述べているように、レイシズムとそこから生じる差別や人身売買、あるいは非人間的な侮辱や承認の不在が含まれることになる。ルカーチが一貫して彼の物象化の議論には取り込まなかった理由は後に譲るとして、承認の忘却としての物象化という観点からすると、こうした残忍なケースもまた包括的な物象化現象の一種と見なすことができるのである。

（2） また、物理的な環境、自然までもが物象化されることについてホネットは、キャヴェルを例外として、ルカーチ、ハイデガー、デューイ、アドルノたちも、気遣い、共感、承認の優位という概念で考慮に入れていたとする。ただし、問題は、物理的な環境が理論的に把握（客体化）されるのに先駆けて、その質的意味はわれわれに開示されているというテーゼのための強い根拠である。ホネットはこの説明を、ルカーチ、ハイデガーとデューイの観点からよりも、むしろ、再びアドルノの本源的な模倣（本書九二頁）という考えを頼りに試みる。

アドルノの構想は、直接的な自然や物理的環境との交流をめぐるものではない。彼はそもそも客観的世界への認知的接近を、情緒的に同一化している人物との同一化（＝具体的な他者へのリビドー充当）によってこそ可能だと考えていた。リビドーの作用下で子どもが愛する人物の視座を模倣を通じて記憶し、その後も対象に対して自分とは異なる視点として、脱中心化をはかるのである。つまり、対象に向けられた愛情をよせている具体的な他者を模倣することで、子どもはその人物が対象から感じる別の意味の構成要素を対象に転用するわけである。アドルノは、このように主体が他者の視座をより多く同じ対象に向けて統合する程度に応じて、対象は主体に対して客観的な次元で、より豊かに意味の諸相を示すと確信していた。ホネットが自然の物象化と見なすのは、われわれの周囲の人間以外の存在について、この意味の実存的な豊かさが損なわれてしまうことである。すなわち、準拠する人物への承認が視野から消えてしまうことによって生じる、一種の意味の喪失である。動物、植物、事物を見やる際に、それがわれわれにとって意味のある他者が抱いていた、慈しみ、愛着、共感の対象であったことが忘れられてしまって起こる知覚が全面化したときに、自然に対してもまた物象化という現象は起きうるのである。

（3） ルカーチもまた精神的な行為の世界、主観的な世界が物象化されることに言及していたことは先にも述べた。いわば自己物象化という側面であり、ジャーナリストたちの「無定見」、自身の体験や信念の身売りについての例は有名である。ホネットはこの自己物象化という現象をより鮮明なものとするために、まずドナルド・ウィニコットとアリストテレス、そしてペーター・ビエリたちも、自己に対する承認的態度という考え方を支持することを確認する（第五章「自己物象化の輪郭」）。ウィニコットはその対象関係論という枠組みにおいて、幼児の親からの分離過程についての研究から、「個々人の心的健康は、彼／彼女自身の本能的生活と、遊び心と、探求心に満ちたつきあい方に依存している」（本書一〇〇頁）ことを導き出した。この自己の内面に対する共感と関心は承認的態度と類似したものと考えることができる。また、アリストテレスの『ニコマコス倫理学』での「自愛」の考察からホネットは、自らの欲望や情念に情愛に満ちた制御を行なうことが自己関係をうまく築くための前提であることを指摘する。そしてビエリの「われわれ自身の意志を『わがものにすること』の必要性」をめぐる議論は、自由意志を可能とする前提にわれわれの感覚や願望に対する積極的な態度があることを明らかにしている。感覚や願望にわれわれはただ晒されているのではなく、分節化して自分のものとすることが自由意志への重要な礎であることをビエリは主張するのである。

これら三人の議論からホネットは自己の内面的世界への配慮や共感が、自己関係の本来的な倫理的理想として想定できるという点に着目する。そして、そのことからも、自己物象化という現象を、他の二つの――特に相互人格的な関係における他者の――物象化とまったく同じように扱ってしまうことの不適切さは明らかであろう。彼らの議論は同様に、自己の願望、感覚、意図を承認的態度でもって主体が受けとめることが、心的健康、良好な自己関係、自由意志の達成と維持に役立つことを強調していた。それゆえ、自己の内面世界に向けられた承認や、共感をもって接し、表現することが忘れられたり、ないがしろにされることは深刻な帰結をもたらすように思えるのである。そうした事態にホネットは自己物象化との関連性を見るのである。

自己物象化の二類型

自己物象化という現象を分析する際に、ホネットはデイヴィッド・フィンケルシュタインの考察に基づいて、自らの感情と願望に対する二つの態度を手掛かりにする。すなわち、「探偵主義モデル」と「構成主義モデル」である。

「探偵主義」とフィンケルシュタインが名づける主体の自己関係のあり方は、いわば、われわれが客観的世界に関わっていくときの態度を、自分の内面的な感情、願望を探求する際にも用いてしまうというあり方である。つまり、感情や願望は、外的な事物と同様に所与のものであり、われわれはその探求において単に内面へと適用された認識行為で接近すればよいとするモデルである。このモデルは、心的状態を知覚できるために、外的な事物を認識するのとは違った内的感覚器官や能力があることを想定しているに違いない。しかし、この「探偵主義モデル」は第一に、ジョン・サールの批判にも明らかなように、より高次の知覚行為に言及し続けなければならず、無限後退に陥り、破綻する。第二に「認識」されるはずの願望と感情そのものが、外的事物のように、明白で完結した性質と輪郭を持っているように「探偵主義」は想定している。しかし、心的状態にはそもそも散漫さと不確かさが含まれているという事実がここではまったく考慮に入れられていない。そもそも、自己の精神的状態は時間と空間という指標を持たないことも自明である。「探偵主義」は、このように自分だけが特権的に接近できる領域としての内面世界を、まるで事物からなる所与の世界の延長として、あるいはすでに規定された外的尺度を用いて発見、認識、判断できるとしてしまう。

「構成主義モデル」は「探偵主義」のように、われわれの願望と感情が、事物のように認識できるとはしない。しかし、「構成主義」によるとわれわれは、自身の願望、感情、そして意図を抱き、表現するときに、いわばそれらをわれわれのうちに存在させようと決定しているのである。内的な状況をわれわれが確定し、それに続く相互人格的な行為にそれらを反映させるという。確かに「探偵主義」の難点を免れてはいるが、「構成主義」はわれわれの願望と感情を自由意志の産物として扱う点に、大きな難点があるとホネットは見ている。つまり、気分、感情、願望などが持つ、どうしようもなくわれわれを揺さぶり、影響力を与える、本人の意のままにはならないという特性を「構成主義」は過小評価している。われわれが内的状態に属性を自己付与することに抗うような、感情などの制約的性質を「構成主義」は見落としている。

これらの二つのモデルから言えることは、内的状態についての把握や表現を所与のものとして事物を認識するモデルでとらえることはできないが、他方で感情や願望を主体が意識することを意図して初めて意識されるもの、あるいは産出されるものととらえることもできないということである。これらに対してホネットが提唱するのは、いわばそのあいだをとるようなモデルである（本書一一〇頁）。ホネットが「表現主義（Expressionismus）」と呼ぶモデルで重視されるのは、われわれが否応なくさらされている感情や願望、気分に対する、われわれの積極的に関わっていくという態度のあり方である。この態度の基礎にあるものをホネットは自己への承認とする。われわれが自分自身の感情や願望に気づくこと、そしてそれらを表現する際には、その自己の内面世界への関わりに先駆けて、自分自身を肯定していなければならない。つまり、自分自身の心的状態に対して、それらを自分のものとして認め、分節化し表現するに値するものであるととらえるほどに主体は自分自身を承認していないといけないのである。ここで語られているのは、他者に対する態度と同様に、自己に対しても与えられる承認の優位である。この態度は、ハイデガーにちなんで、またフーコーとの関連で最近よく言及される「自己への配慮」と呼ばれるものでもある。また、自分自身の感情や願望の表現と意味自体も、われわれが自由に好き勝手に選んでよいものではなく、それらは言語的なコミュニケーションを介してこれまで学習し、ある程度はなじんでいる生活世界のコンテキストに照らして初めて生まれてくる。

これらの自己関係についてのあり方を検討した上で、ホネットは「探偵主義」と「構成主義」を共に誤った自己関係についての記述として解釈し直し、相互行為における、その遂行に自己物象化が生じる危険性を見る。相互人格的なコミュニケーションにおいてわれわれが自らの感情と願望を表現するとき、その行為は発見された事実の伝達でも、状況に応じて自由に道具的に作られた自分の内面世界の提示でもない。内面世界をまるで空っぽであるかのように感じ、そのように振る舞うこと、あるいは感情や願望に対してあくまでも中立的で観察的な態度（が可能であるかのよう）に徹すること、そして外的で客観的とされる項目と尺度に自分自身の属性を無理に当てはめて自己分析を行なうことは、「探偵主義モデル」で自己関係をとらえることに由来する自己物象化のケースである。他方で、利益や評判に注意を払って、常に最適な感情や願望を抱いて相手に表現することができるし、そうしなければならないという、道具主義的な発想は「構成主義モデル」による自己物象化だと言える。このように「私」の内面世界が、所与の事実化、あるいは道具化されてしまう二つのパターンを、ホネットは自己物象化の二つの類型としている。最終章（「物象化の社会的起源」）においては、現代の就職活動における面接、日本でも活況を呈しているインターネットでの相手（友人、恋人、結婚相手）探しなどが自己物象化の身近な例として挙げられている（本書一三二頁）。[*]また、日本の社会学会でも近年盛んに言及される、アーリー・ホックシールドの感情労働をめぐる研究は、彼女自身が執筆時にはおそらくまったく想定していなかったと思われるが、自己物象化が優勢となってしまった習慣行動の有り様を示している。いずれにせよ、これらの態度で主体は、自分自身の願望と感情が分節化され、自分のものとして受け容れられる値打ちがあることを忘却してしまっているのである。それゆえ、自己物象化においてもまた、「承認の忘却」がその発生の原因であると考えることができるのである（本書一一四頁）。

＊ ホネットの分析に基づくなら、日本の卒業を控えた大学生の就職活動に見ることのできる、物象化現象の複雑さを読み解くことも可能であろう。そもそも志願者はインターネットにより自分自身をウェブで登録しなければ就職活動をとにかく始めることができず、その後も何かと自己分析、自己ＰＲ、審査の一環としてのグループ・ワークをし、自己呈示を迫られる過程には、「探偵主義」と「構成主義」の両方の態度を必要とされる。しかも、採用する企業やサービス提供者からの、この自己への承認的態度を放棄するような要求そのものは、他者の物象化の次元に属している。

承認論からのアプローチの可能性

このように議論が進められる本書『物象化』で印象深いのは、何よりもホネット自身の「承認の優位」テーゼの基礎づけと、彼の立場表明の強さであろう。確かにルカーチが焦点を当て、その後、重要な概念として定着した「物象化」概念の批判的検討と復権を本書は主たる目的としているが、その隠れた意図はかなり大胆である。最後にそのことに触れる前に、もう一度、ルカーチの議論がこのような承認論的アプローチからすれば、どのように読めるのかをまとめておきたい。

ルカーチは物象化を、優勢となった資本主義的な商品交換という関係に入り込むやいなや、人々が互いに中立的で観察的な態度で付き合うようになり、周囲の世界も、自分自身にも同じように共感なき態度で接してしまう、そうした現象としていた。しかし、ホネットから見れば、ルカーチの議論は、優れて社会批判的な含意を認められるものの、曖昧で、現象が起きる次元の細かな、そして重大な違いを均《なら》してしまう傾向がある。その根本にあるのは、ルカーチの思考の随所に見いだせる、経済的領域の強調と特権化の傾向であろう。この思考が引き金となって、ルカーチは物象化を自然も含めたわれわれの相互作用すべてに全面化し、物象化と客体化と脱人格化を同一視し、*他の人々の物象化について非経済的な領域で生じる軽視や侮辱を問題圏から排除してしまうのである。最後のケースの例としては、偏見やイデオロギーとして作用するレイシズムや、セクシュアリティや労働をめぐって露骨に現れる、女性に対するステレオタイプを挙げることもできるだろう。

＊ 特に脱人格化との関連についてホネットはゲオルク・ジンメルとの違いを重視する（本書一一二頁）。例えば、市場での貨幣に媒介された取引において交換相手は、確かにある種の承認を失うが、少なくとも法的関係によって保護された人格までもが奪われるわけではない。

ルカーチの議論に対するホネットの筆致は、訳者らも戸惑うほど厳しく、酷薄とも言える。長きにわたる物象化概念に対する思考停止状態を克服し、その概念を再生するためには、それほど思い切った換骨奪胎が必要であったのだろう。また、冒頭に述べたように、本書で試みられている承認論的アプローチは、物象化問題に新たに取り組むことを主としていながらも、そのことを通じてホネット自身の承認論そのものの洗練化と新たな展開を説明することに向けられている。この関連で本書においてルカーチの議論と並んで頻繁に、批判的検討を加えられるのがハーバーマスの議論でもあることは見逃し得ない。「承認の忘却」テーゼが本書の主題にとってはもっとも重要であることは疑いえない。しかし、批判的社会理論の基礎づけのための準拠点として、基本的なパラダイムを検討するという課題に照らして重要なのは、なによりも「承認の優位」のテーゼである。本書で繰り返し言及されるこのテーゼは、個体発生的に見ても、カテゴリー的に見ても、コミュニケーションの参加者へと社会化することに先立ち、共感的態度に満ちた支持を受けるなかでこそ、自分が準拠している人々の視座の引き受けが可能となることを主張していた（本書五七頁）。「承認の優位」が語られるのは、主として「認識に対して」である。しかし、共感的態度において模倣を通じて可能となる視座の引き受けが可能となってこそ、世界における事物を客観的に把握する術を身につけることができるのだが、相互行為の相手と互いに独立して向き合うコミュニケーション的行為者の役割を身につけることは、さらにその延長線上にある。

ホネットの主著である『承認をめぐる闘争』の基本的な思考を知る読者であるならば、彼の承認論の体系がヘーゲルに倣い三つの承認形式（愛、法、連帯）からなっていること、それぞれの形式における他の主体からの承認が自己アイデンティティの形成につながること、そして誤った承認、不当に認められないこと（＝侮辱されること）、承認の欠如が社会的な闘争の端緒となり社会変動の推力となることを知っているだろう（邦訳は一二四頁以降）*。しかし、本書で語られている次元の「承認」は明らかに、これまで語られてきたものとは異質なタイプの相互主観的関係を指し示している。本書で語られている承認は一見して、『承認をめぐる闘争』で語られている第一の承認形式、つまり、情動を介した関係性における承認と同じものであるように思われる。『承認をめぐる闘争』では、この種の承認要求は、場合によっては一般化を特徴とする法関係における承認要求、あるいは狭義の正義の規範の妥当要求とコンフリクトを引き起こすことがある。しかし、本書でホネットが強調している承認のあり方は、そもそもそうした対立関係とは無縁のものである。つまり、『承認をめぐる闘争』の体系における情動を介した承認と結びついてはいるものの、個体発生的に見ても、概念的に見ても一次的な承認関係が、われわれの相互人格的な社会生活全体を下支えしているようなモデルがここでは提示されている。本書ではまだ十分に明らかにされてはいないものの、ここで語られている世界との原初的な関係づけとしての「承認する態度」は、『承認をめぐる闘争』で示された承認を介した相互人格的なコミュニケーションの体系に先立ち、われわれのさまざまな学習過程の基礎となるのである。このように承認の次元を新たに据えることは、コミュニケーションと討議の参加者となることに対してもまた承認的態度が優位にあるという主張と結びついているのである。G・H・ミードとドナルド・デイヴィッドソンに向けられた批判は、間接的にハーバーマスのコミュニケーションのモデルにも向けられているのである（本書五七頁）。すなわち、認識に対する「承認の優位」は、暗にコミュニケーションに対する「承認の優位」をほのめかしているのである。

＊ ホネットの理論的変遷と承認論の射程については以下のものが詳しい。特に「第4部　批判的社会理論の承認論的転回——アクセル・ホネットの社会理論」を参照のこと。日暮雅夫、『討議と承認の社会理論——ハーバーマスとホネット』、勁草書房、二〇〇八年。

承認とコミュニケーション的行為という二つの重要な概念のあいだの関係についてホネットは明確に態度を表明しているわけではないが、本書の議論の背景には、こうした意図が作用している。これら二つの現象は対立し合うものではないが、ホネットにおいては発生的にも、カテゴリー的にも承認の次元がコミュニケーション的行為の次元に先立ち、優位にあるモデルが提示されていると言ってよいだろう。例えば、ホネットはJ・デリダの「一人一人の人間の無限の特殊性に向かう心遣いをする正義」という構想にしたがって、次のような仮説をすでに立てていた。

そもそもある人が、無制限な意味で平等な取り扱いと呼ばれるものを理解する感受性を発達させうるのは、その人自身がかつて無制限な心遣いを受けた、つまり正義に基づかない扱いを受けたという経験をしている場合だけかもしれない（『正義の他者』一八四頁）。

このホネットの仮説にも、アドルノの模倣のモデルの影響が顕著に読み取れる。この仮説は、共感的態度において受け容れられ、準拠する人々の視座を経験し、学習することで自己アイデンティティを確立した主体こそが、行為能力と言語能力を持つ主体としてコミュニケーション的行為と討議の参加者となるというモデルへの端緒であろう。コミュニケーション行為者の次元に対して承認的態度の次元が優位にあるとする、この承認のエピステモロジーの構想は今後も深化されていくことだろう。そして、おそらくこの差異については、とりわけ当事者であるホネットとハーバーマスのあいだでは、すでに意識されているに違いない。二〇〇九年七月一六日付けの『ツァイト』紙にハーバーマスはホネットの還暦を祝し、彼の知的遍歴を紹介している。ここでハーバーマスは、「物象化」概念を「承認の忘却」として読み替える、このホネットの試みをきわめて独創的な試みとしたうえで、次のように述べている。

論争の焦点を明確にしてみよう。ホネットにとって決定的な規範的準拠点となるのは、平等主義的な法のもとでの道徳的（moralisch）自由の実現（Ermöglichung）ではない。彼が依拠するのは自己関係が成功するという倫理的（ethisch）自由が、社会において実現することなのである。そしてこの自己関係の成功は、いかなるものの自己実現も他のすべての人々と相互に交わされる価値評価によって決まる、そうした協働の関係の帰結として構想されている。*

* Jürgen Habermas, Arbeit, Liebe, Anerkennung. Der Philosoph Axel Honneth wird 60. Eine Gedankenreise von Marx zu Hegel nach Frankfurt und wieder zurück, in: *DIE ZEIT*, 16.07.2009 Nr. 30 - 16. Juli 2009.

この「論争の焦点」がホネットによる「コミュニケーションから承認へ」という批判的社会理論のターニングポイントとなりえるのかどうかには、私も大いに興味を引かれるところである。ホネットがハーバーマスやロールズが想定する正義とは別の自由や正義概念を構想していることは、すでに予告されている彼の近著のタイトル（『自由の権利——民主主義的人倫性の基本構想』*）からも明らかである。

* Axel Honneth, *Das Recht der Freiheit: Grundriß einer demokratischen Sittlichkeit*, Suhrkamp, 2011 (noch nicht erschienen).

私は本書『物象化』がもちろんのこと、社会学理論、哲学、西欧マルクス主義のコンテクスト、そして広義の批判的社会理論において吟味されることを期待する。また、他方でそうした吟味を越えて、この承認論的に読み替えられた物象化概念が、どこまで、そしてどのような現代社会の病理の診断と治療のために有効なのかという点に考慮しながら読まれ、今後の社会批判という課題に寄与できることを期待したい。ホネットが念頭に置いているのはどうしても欧米先進国の現状ではあるが、承認の忘却に原因を持つ生についての不快感、不正が行なわれているという意識は、私たちにとっても疎遠なものではない。日常実践のなかでうまく表現できず、「単なる不平不満」と片づけられてきた訴えのなかにも、正当な「理由」があったことに私たちは後から気がつくことがある。私たちの不正意識や不快感を分節してくれる概念や言葉は、常に私たちの手元にあるわけではなく、それらの不在によって訴えが封じ込められていることもある。批判的社会理論の「理論」としての成功は、この「理由」を浮き彫りにし、それぞれの社会文化状況でも、普遍的な次元で語ることのできる新たな語彙を生み出すことにもあるはずである。ホネットが承認論的に解釈しなおした「物象化」概念によって、新たになにが可視化されるようになるのか、公共圏における批判的なコミュニケーションにおいて、この概念が試されることを私は期待したい。

訳者解説2

辰巳伸知

著者の「前書き」にもあるように、本書の元となったのは、カリフォルニア大学バークリー校で二〇〇五年三月に「タナー講義」の一環として行なわれた、アクセル・ホネットの講演である。「タナー講義」とは、正式には「人間的価値に関するタナー講義（The Tanner Lectures on Human Values）」といい、アメリカの哲学者、慈善事業家のオバート・クラーク・タナー（一九〇四―一九九三）の寄付によって一九七八年に創設された公開講義である。この講義は、それ以後今日に至るまで、「人間的価値」にかかわるテーマについて第一線で仕事をしている、主として欧米の研究者を招いて、英米の複数の大学のいずれかで毎年開催されている。

ホネットのこの時の講演には、「前書き」にも記されているように三人の「応答者たち」（ジュディス・バトラー、レイモンド・ゴイス、ジョナサン・リア）がコメントを寄せている。本訳書の底本としたドイツ語原本にはホネットの論考しか収められていないが、二〇〇八年に出版された英訳書（Axel Honneth; with commentaries by Judith Butler, Raymond Geuss, Jonathan Lear; edited and introduced by Martin Jay, *Reification:*

A New Look at an Old Idea, Oxford University Press, 2008）には、この三人のコメントと英訳書の編者でもあるマーティン・ジェイによる序文、ならびにホネットによる「返答」も収められている。本解説では、これらについて簡単に紹介し、必ずしもフレンドリーとはいえない各コメントを通じて、ホネットによる「物象化」概念の承認論的再構成の試みがもつ論争的性格を浮かび上がらせてみたい。

三人の「応答者たち」によるホネットに対する批判は多岐にわたり、またそのニュアンスにおいてそれぞれ相違はあるものの、彼の承認論の根底にある重大な問題に対する疑念は共有している。英訳書の序文でマーティン・ジェイは、物象化の概念を復権させるにあたってホネットが採用した戦略、すなわちホルクハイマー／アドルノとヴィトゲンシュタインというおよそかけ離れた立場にあると思われる思想家の著作から引用されたエピグラフからも読みとれるような、物象化を「承認の忘却」と読み替える戦略をまず概観する。そうした上で、このような戦略に対して三人の「応答者たち」が共通して提起している疑問を、「基本的な人間学的前提に対する疑問」として指摘している。

社会批判のための非・主知主義的な基盤を探求する彼の態度は是認するにしても、彼／彼女らはみな、ホネットが認識に先立つ相互行為のあまりぞっとしない側面、有益な相互性へのあらゆる希望をくじいてしまうかもしれない側面を説明してきたかどうか、疑いを抱いている（英訳書九頁。以下、特に断り書きのない場合の引用は同書から）。

ホネットのオプティミスティックともとれる「人間学的前提」に対する批判は、ジェイによる整理に従えば、たとえば次のような点に関わる。ホネットが言う本源的承認とは、そもそも共感的承認を意味するのか？　他者を人間として承認するにあたって、愛と同様に憎しみもまた強い力を発揮するのではないか？　ハイデガー的な意味での「気遣い」は、直接他者への純粋な関心を意味するのか？　発達という心理学的モデルは、成功した成熟という目的論的観念を暗黙のうちに導入しているのではないか？　これらの疑問や批判は、ホネットが師のハーバーマスとは異なって自らの理論の骨格に導入した、一種性善説的であるようにも見える人間学や社会存在論の前提やトーンに関わるものであろう。以下、三人の「応答者たち」によるホネットに対するコメントや批判を見てみよう。

ジュディス・バトラーは、何よりもまず、物象化する態度に対置されると同時にそれに先行するとされる「真正な実践（genuine praxis）」という発想や理念に疑問符をつける。バトラーの見方によれば、カテゴリー・エラーでも道徳的欠陥でもないとされる物象化的態度に対置される「承認」という概念は、ホネットがそれを社会存在論的に基礎づけようとしているにもかかわらず道徳的価値を構成しているのであり、相互性や気遣いや他者の存在の肯定といった概念ともども、「真正な実践」に包摂されるものである。原点にある「真正な実践」は、他者やその他の環境をもっぱら観察する態度とは異なって、主体がそれらに参加し積極的に関与するという点によって特徴づけられる。参加するとは、他者の立場を引き受けることを意味する。他者の立場を引き受けることに失敗するなら、他者との関係は物象化されたままにとどまることになる。「このような考えに従うなら、われわれは単に観察的（したがって物象化的）で他者の立場を引き受けることができないか、参加的——とりわけ他者の立場を引き受けることを意味する言葉――であるかのどちらかを選ばねばならない」（二〇二頁）。

しかしバトラーはここで、他者の立場を引き受けずに参加的である可能性に言及する。それはたとえば、他者に対して憎しみやサディスティックな衝動を表明する場合であり、それは距離を置いた態度ではなく、むしろ感情的に密接に他者に関与している態度であると言える。このような種類の攻撃的、否定的な情動的態度は、もっぱら観察を旨とするのでもなければ、かといって互酬性や気遣いの原理に従っているわけでもない。他者を抹殺しようとするほどの怒りは、強い感情的関与を示してはいるが、決して他者の存在を肯定するものではないのである。関与しているということはそれ自体としては善なのではなく、規範的な価値をもっているわけでもない。それは、規範的な要求に関しては中立である。

さらにバトラーは、ホネットが依拠しようとしている心理学や精神分析の理論的部門、すなわち愛着(attachment)の理論を彼が選択的に読んでしまっている、と主張する。すなわち、愛着に関する理論は一枚岩ではなく、ホネットが選んだ理論が定説として支持されているわけでもないのである。バトラーはホネットとは異なって、愛着が分化(differentiation)に先行するとは考えない。「なぜなら、何かに愛着するということは、その物、その人そして私自身の間の区別をすでに跨いだことになるからである」（二〇六頁）。愛着は、いかなる境界もない融合とは異なり、分化を前提としている。したがって、他者の視座を引き受けるということは、こちらからあちらへと区別を跨ぐことを意味する。それゆえに規範的な課題をもし立てるとするなら、自らが総統と同一化し一つのパーソナリティに融合していると感じているナチスの兵士とは反対に、自分とは異なったものとして他者を承認可能にするために分化の仕方を発見することこそが必要な課題となる、とバトラーは考える。

ホネットが本源的な社会的紐帯と考える親子関係について、その関係が二者（dyadic）関係ととらえられていることにいくつかの疑念を表明した後、バトラーはより根本的な問題として、ホネットが考える「純粋な紐帯」という観念は、社会的なものに先立つもの、社会の基礎をなすと同時に、物象化された状態から、より純粋な関係性へとわれわれを救出してくれるとするアルカディア的神話である、と主張する。われわれの最も基本的な社会関係と最も原初的な愛着の様態には二面性があるのであり、依存している状態のなかでの紐帯の形成は容易ではない。そのような状態のなかでは、一方では攻撃や断絶や離反の絶えざる衝動が、他方では無力さや欲求に基づく依存が生み出される。何人も愛と攻撃の間の葛藤からは逃れることはできないのであり、前者の愛のみを「承認」と呼び、後者よりも本源的なものと見なすことはできない。気遣いや問題のない愛着を優位に置くやり方は、われわれはそもそも生まれながら必然的に善であり、ある一定の社会的条件のもとでのみたまたま悪になるとする、ルソー的な独断である、とバトラーは主張する。

さらにバトラーは、ホネットの見解において倫理的に最も重要であると彼女が考えるテーマ、すなわち二人称の立場を引き受けるとは何を意味するのかという点について考察を加えるなかで、「彼が依拠している類の発達理論は、うかつにも承認の核心に再び物象化を持ちこんでいるのではないか」（一〇九頁）という疑問をさしはさんでいる。自らの承認の優位のテーゼを証明するために、発達心理学や社会化研究における経験的研究の成果をホネットは利用し、それらに依拠しているのだが、それら自体が観察的方法に基づいている経験的証拠を、なぜ非観察的であるはずの本源的関係性を裏書きするために用いることができるのか、ホネットが広範に批判してきたはずの観察的方法の結果をわれわれはなぜ受け入れなければならないのか、という疑問がそれである。ホネットは、観察する態度が物象化の現象をもたらすと自ら主張する限り、観察的方法は用いることができなくなることになる。

「他者の観点を引き受ける」ということは、他者の観点を私の観点と同じものにするということではない。他者に対して不同意でありながら他者の観点を採用することは可能なのであり、したがって「他者の観点を引き受ける」とは、ホネットも主張するように「他者の行為の理由を理解すること」を意味する。ホネットは、自らの議論を擁護するために『ミニマ・モラリア』におけるアドルノの、人が人になるために必要だとされる「模倣」の概念を援用するが、バトラーによれば、原初的な模倣からの訣別がなければおよそ「私」というものもありえないのであり、「他者の視座を採用すること」とはこのような模倣とは別物なのである。幼児の模倣行為は、他者性を承認する発端となる契機なのではなく、一人称の視座に先立つもろもろの感受性の様態なのである。「一人称が二人称や三人称によって可能になり、それらの『他の声』が自分自身の一部となること、このことは後になってから、そしておそらく常に部分的に『自分自身』となる何ものかについての可能性の条件なのである」（一一三頁）。「大人が他者の行為の理由を理解しようとする際に行なう道徳的思慮の類は愛着や同一化や感受性の初期段階で生じるものとは類似していない」（一一三―一一四頁）。

「他者の観点を引き受けること」や模倣についてさらに考察を加えた後、バトラーはコメントの末尾でホネットの「承認の忘却としての物象化」のテーゼにも言及している。ホネットは物象化を先行する承認の忘却と規定するのだが、その際彼は、われわれの意識から承認という事実が単に奪われてしまい、消失してしまうということはありえない、と考える。意識は当然承認と結びついており、承認的な関係や態度にとって代わったように見える物象化の形態は、一種の見かけにすぎないとするホネットの主張に対して、バトラーはそれは証明されえない思弁でしかないと断じている。

レイモンド・ゴイスはまず、近代の西洋思想の伝統のなかにある人間学的要素と批判的要素を指摘する。人間学的要素とは、プラトン以来の西洋哲学に存在してきた「主知主義的」バイアスを克服しようとする試みであり、それは十八世紀末のフィヒテ、ならびに彼に続くドイツ観念論哲学者たちに端を発し、二〇世紀のデューイ、ルカーチ、ハイデガーへと連なる流れである。一方、批判的要素とは、啓蒙主義時代以後の社会における、社会的、政治的、実存的、美的状況に対する不満の表明であり、一八世紀末のシラーからマルクス、ニーチェ、デュルケムへとつながる系譜である。これら社会批判の系譜は、欠陥ありとされる社会の診断の仕方の点で多様であるばかりでなく、提起されている治療の仕方においてもさまざまであるが、共通しているのは、彼らは社会の欠陥を道徳化して説明しようとはしなかったという点である。ゴイスは、ホネットが初期ルカーチ、特に『歴史と階級意識』における物象化論に着目するのは、それが西洋の知的伝統におけるこの二つの歴史的要素を統合しようとする傑出した試みであある、と彼が見なしたからであると考える。しかし後に見るように、理由は異なるにせよルカーチと同様ホネットもまたそのような統合に失敗しており、特に脱道徳化された社会批判をそのような統合によって提示することはできていない、とゴイスは判断する。

ルカーチの物象化論の欠陥を克服するために、ホネットは「承認」を軸とした概念戦略を駆使するのであるが、ゴイスはまずホネットが用いる「承認」概念の特殊性に着目する。ホネットは、「承認」を

「自然や他者、自分自身に開かれ、関心をもって関わる存在が有する原初的様態」と規定するが、このような規定は英語の recognition の通常の用法とも、ドイツ語の Anerkennung のそれとも符合しない。英語の recognition には主として二つの意味があり、一つは identify や reidentify、すなわち何ものかを何ものかとして確認すること、そのようなものとして思い出すという意味であり、もう一つは admit や grant、すなわち遂行動詞として相手に許可、認可を与えるという意味である。ゴイスによると、ホネットの「承認」は、これらのどちらとも異なっている。ホネットの理論における承認は二つの異なった条件を同時に果たすものと考えられ、一方ではあらゆる人間の認識形態の前提条件として、他方では社会病理を脱道徳化して分析するための、したがってラディカルな社会批判のための基盤として考えられている。

そこで次にゴイスは、ホネットの承認概念がもつ社会批判のポテンシャルについて考察を進める。ホネットは自らの承認概念を説明するために、ルカーチ、ハイデガー、デューイの所説に赴いているが、ゴイスはバトラーと同様、デューイ、ルカーチ、ハイデガーが共通してあらゆる認識の前提条件であると見なしているとされる、世界や他者、自己に対する実践的、感情的、実存的関与、すなわちホネットが言うところの承認は、われわれの世界に対する「肯定的」関与であるとは言い切れない、という点を指摘する。それは態度や行為や感情が肯定的か否定的か中立的かの区別に先立つ何ものかであり、擬似超越論的な位置を占めるがゆえに、われわれが諸個人や集団や自然に対してどう振る舞うべきかについては、何も指示しないのである。したがってゴイスは、『物象化』におけるホネットの承認概念の批判的ポテンシャルに対して疑問を抱く。

私があなたを無視したり、あなたの死を単に二次的な痛手と見なしたり、力の限りあなたを侮辱し危害を加えたとしても、あなたの気まぐれを大事にする場合と同様、私はあなたを「気遣って」おり──したがってまた、ハイデガーの気遣いと承認との類似をまともに受けとめるなら──(この意味において)あなたを「承認」しているのである。もし気遣い(あるいは承認)が、憎しみや無関心を含めて、ありとあらゆるものの前提条件であるのなら、それは倫理学や社会批判の基盤にはなりえない(一二七頁)。

残忍さは承認の欠如に基づく無関心や過度の距離化から生じると考えるホネットに対して、ゴイスは、残忍さ、無関心、故意の破壊性はそれぞれ別の現象であると主張する。検問所で敵に囲まれ、怯え、突発的に発砲する兵士、捕虜から情報を引き出そうと秘密基地を転々としている工作員、信念に基づいて自爆攻撃を仕掛けるテロリストを例に挙げて、さまざまな心的状態は相互にそして社会環境とも関連している複合的なものであり、したがってそれらに対しては注意深い分析を必要とし、それゆえにそれらの「社会病理」を解明するにあたって、単に「承認の忘却」なるものをもち出しても用をなさない、とゴイスは主張する。工作員は想像力と共感能力を駆使して情報を引き出そうとしているのであり、テロリストは無関心ではなく強い信念に基づいて行動しており、兵士は距離を置いているのではなく恐怖と嫌悪のただなかにいる。ゴイスによれば、真剣な社会批判は、所与の状況における個人の心理学にもとどまることなく、なぜ兵士は検問所にいるのか、誰が工作員を訓練したのか、強い信念はどのようにして、どのような理由で、どのような状況の下で形成されたのか、といった問いに答えねばならないのである。「あらゆる認識が結局は『質的思考』や世界との実践的関与に基づいているという事実に気づくことが、どのようにしてこれらのどれ一つでも説明したり、批判したり、変革したりすることに役立つのか、私にはわからない」（一二八頁）。

ゴイスは、われわれの道徳的語彙、特に政治的語彙から「悪い」（evil）といった類の言葉を排除し、批判を脱道徳化するグローバルな社会批判を推し進める重要性を強調するが、承認はそういった批判のための基盤としては役に立たない、と考える。

ジョナサン・リアによるホネットの所説に対する批判は、バトラーのそれと一部似通っている。リアもまた、ホネットの所説に存在する先行状態——すなわち、「承認」や「気遣い」——に組み入れられている善性（goodness）に疑問を呈する。ホネットの論の立て方は、現状を先行する善なる状態からの逸脱、すなわち堕落として描くものである。それは、世俗化された神学的ヴィジョンであり、したがって先行する善なる状態——承認——を回復し、それによってより良き未来への展望も開けるという希望も成立することになる。幼児期には養育者との間に成立していた承認関係が後になって忘却されることによって物象化が生じるが、先行する承認を想起することによって物象化の克服も可能になる、というわけである。

子どもとその愛着の対象者との間の、感情が負荷された承認関係が、子どもの発達にとって決定的に重要であるとするホネットの主張を裏書きする発達心理学の文献は、確かに膨大に存在する。しかしリアは、ホネットも依拠しているD・W・ウィニコットが一九五〇年代、六〇年代の論文で、子どもの

「憎む」能力の発達についても考察していることを指摘する。子どもは、母親が自らの欲望と企図をもった主体であることを承認するなかで、彼女に怒り、彼女を操作したり罰したり自らの思うままに動かしたりする仕方について考える能力を身につけるのである。したがって、感情が負荷された過程を通じて承認の能力が幼児期に備わることは認めるにしても、それによって承認された他者の自律性を尊重する態度が生まれるとは限らない、とリアは主張する。

次にリアは、承認の概念を二種類に区別する。一つは「必須条件としての承認」(recognition-as-sine-qua-non) であり、もう一つは健康な人間の発達の「範型としての承認」(recognition-as-paradigm) である。前者は、シンボル的思考や言語を操る能力、他者の心的状態を認識し探知する能力の発達など、あらゆる人間の発達にとっても必要となる最小限の承認形態であり、後者は人間の幸福にとって必要とされる同情や共感の能力の発達のために必要とされる承認形態である。この二つは関連してはいるが、区別することが重要であるとリアは主張する。

この点を説明するために、リアはある種の成功した政治家や誘惑者、詐欺師に見られるようなナルシシズムを例に挙げる。これらの人々は、他者には他者の観点や動機や欲望や企図があるということを十分すぎるほど承認しており、感情的な他者への関与の仕方にも長けている。これらの人々は、承認の技術を高度に発達させているが、しかしそれは他者を自らの目的の手段として扱うために発達させているのである。こういった態度は非難を免れないであろうが、しかし存在論的誤謬がそこに見いだせるわけではない。ナルシシストたちは、自分が利用しようとしている相手をガス欠の自動車のように考えているわけではないし、そのように扱うこともしない。彼らは、彼らを「気遣って」おり、距離を置いた中立的な立場に立とうとしているわけでもない。彼らは存在論的誤謬にも、承認能力の忘却にも陥っていない。そのように考えてしまうのは、二種類の承認概念を区別しないからである、とリアは主張する。彼らの承認能力に欠陥があるとすれば、その欠陥は発達の範型と考えられた承認能力の欠陥である。「これらの人々は、彼らがはじめからもっていた承認の技術を用いているし、発達させている。――それはただ、われわれが（正しく）人間の開花（human flourishing）の範型について考えるものとは違うということである」（一三五―一三六頁）。リアは、ネイティブ・アメリカンの兵士のカニバリズム――敵の兵士の心臓を食べること――についても、それは敵の勇敢さを承認しそれに敬意を表する行為であり、さまざまな批判は免れないとしても承認の忘却をここで引き合いに出す批判には根拠はない、と考える。

社会理論家や哲学者が発達心理学の研究に依拠するのは重要かもしれないが、そこには危険もあるとリアは主張する。自明のことではあるが、発達心理学者は発達に関心を抱いている。あることを発達と認識するためには、そこへと向かう目標、テロスの概念が必要となる。そこには発達を評価する基準として、人間的開花という理念、心理学的、社会的幸福の概念が陰に陽に入りこむ。したがって、他者の承認という概念について考察する際にも、一般に発達心理学者は「必須条件としての承認」ではなく「範型としての承認」を念頭に置くのである。「承認1」（言語と基本的な社会的技能の発達のために必要なだけの能力）と「承認2」（人間的開花の一部である承認能力）のどちらを念頭に置いて人は議論を展開しているのかという点は、重要である。成人において「承認2」が存在していなくてはならず、もし存在していないのならその原因を探り、場合によってはそれを一定の社会的状況と結びつけるのは、正当な試みである。しかしだからといって、人はそういった能力をすでに幼児期に行使してきたはずであるとするのは、「承認1」と「承認2」の混同である。

最後にリアは、人間の攻撃性について言及する。ルカーチやホネットは、先行する善なる状態――「承認」や「気遣い」――と後になっての堕落――「資本主義」や「商品化」や「物象化」――という図式で社会批判を構想し、原初のよき状態への回帰を展望しているようだが、この原初の状態が実は「ごたまぜ」(mixed bag)であるならどうなるのか、という問いを立てる。人間が、もともと残忍で闘争的で攻撃的でねたみ深く嫉妬深い動物なら？　そして、承認能力の発達が、これらの欲求すべてに奉仕するものであったら？　リアは、フロイトの共産主義に対するペシミズムと人間の攻撃性についての考察を紹介した後、社会批判は概して、問題を社会の形成や解体に帰する傾向があり、それによって攻撃的傾向のようなわれわれ自身のあまりぞっとしない側面から、われわれの目を逸らすようにしむけてしまいがちであることを指摘する。社会組織や文化は人間の心を形づくることができるという知見は貴重でかつ真実であるが、それはわれわれにわれわれ自身について思い違いをさせてしまう危険ももっている。大きなスケールをもった社会批判の利用のされ方には用心するに足る理由がある、とリアは警告する。

(この後テクストでは、二〇〇六年六月付けの「後記」が続き、自己物象化のケースとしての「探偵主義」に関するホネットの所説が検討されているが、ここではその紹介は省略する。)

ホネットは、『物象化』のドイツ語原本と英訳書を刊行した後、「物象化」をテーマとした講演やシンポジウムを世界各地で行ない、議論を深化・展開しようとしてきた。日本でも、本書の訳者である私たちも参加したシンポジウムが、明治大学で開催されている(二〇〇九年度日本社会学理論学会研究例会

「社会学理論形成における承認論の可能性――アクセル・ホネットにおける承認と物象化」)。ホネットがそれらの場で展開した議論の骨子は、次に紹介する英訳書の「返答」にほぼ沿っており、そこにはもともとの主張に対する補足と同時に修正も見られる。

「返答」においてホネットはまず、三人の「応答者たち」による非難に共通していることとして、ホネットは過度にオプティミスティックな人間学を採用しているのではないかという嫌疑を挙げる。しかしそれは、彼が議論の中核に据えている本源的承認の概念に対する誤解から来るものであり、あらゆる人間的コミュニケーションに必要な前提となるそのような形の承認は、規範的な含意や肯定的な態度と結びついているわけではなく、その点において彼/彼女らの批判はあたらない、と主張する。その点をまず指摘した上で、ホネットは物象化の概念を明確にするにあたっての準拠枠を提示する。

ホネットはまず、「物象化」(Verdinglichung, reification) を「道具化」(Instrumentalisierung, instrumentalization) とは区別する。人が他者を自らの個人的で自己中心的な目的のための道具としたとしても、そのことは必ずしもその相手の人間的特性を剝奪したことにはならない。それに対して物象化とは、文字通り、存在論的な意味において他者を人格的特性をもたない「物」として扱うことを意味するのである。物象化をこのようにとらえるなら、物象化に対する批判は道徳的規範に訴えることによってなされるものではなく、「他者を『適切に』扱う仕方と『誤って』扱う仕方との存在論的区別」に依拠することとなる。物象化とは、「われわれの社会的生活世界に必要な前提条件の侵害」なのであり、したがって物象化批判は「人間間の相互行為の社会存在論的に適切な条件」を示すことによってなされねばならない。一般的、形式的であると同時にあまりに空虚であってもならないこのような条件を、ホネットはルカーチの

「実存的関与」や「共感」、ハイデガーの「気遣い」、デューイの「質的経験」といった概念をたどることによって、「認識に先立つ承認」として示そうとしたのである。「人間の世界に対する関係においては、承認が認識に先行するのであり、われわれは物象化をこの順位の侵害と理解すべき」（一五〇頁）であって、三人の「応答者たち」はこの点に十分注意を払っていない、とホネットは主張する。

さらにこの承認という概念に関する三人の「応答者たち」の疑念、すなわちホネットは人と人との相互行為の根底に善意を仮定しているのではないかという疑いに対して、自らの本源的承認という概念は、肯定的関心や敬意がもつような規範を含むものではなく、そこにおいては相手を肯定する好意的な感情が働いているわけでもない、とホネットは主張する。「感情的関与」や「先行する同一化」という言葉を彼が使う場合、その意図は何よりもこの種の承認がもつ非認識的な性質を強調することにある。したがって、そのような本源的承認はいわゆる「参加者の視座」とは異なっているのであり、この区別をバトラーは見落としている、とホネットは考える。知的営みである「参加者の視座」をとることができる以前に、人は他者を自らの同胞として非認識的に承認しておらねばならないのである。それゆえ、愛だけでなく憎しみやアンビバレンスや冷淡さもまた、本源的承認の表現形態となりうる。『物象化』以前の、たとえば『承認をめぐる闘争』における承認概念に対して、ここでホネットが強調する本源的承認とは、発生的にもカテゴリー的にもかつて論じた承認の形態の前にある「一種の超越論的条件を表す」段階にあるものなのである。

伝統的な名誉や近代的な愛、平等な法といった社会制度に体現されているような、規範的に実質的な承認の形態は、本源的承認によって開かれた実存的な経験の枠組みが歴史的に「肉づけされる」ようになる、さまざまな仕方を表している（一五二頁）。

制度化された相互承認の原則によって成立する規範を侵害することは、道徳的侵害となり、ホネットが以前から論じている「承認をめぐる闘争」を引き起こすことにもなるのだが、「物象化」という言葉で指し示される現象は、そういった侵害とは異質であり、「主体が現行の承認規範を侵害しているだけでなく、他者を『仲間の人間』として知覚したり扱ったりすらしないことによる、先行する条件そのものを侵害するという、むしろありそうもない社会的ケースを示している」（一五四頁）のである。そこで物象化のカテゴリーを再活性化するにあたっての最大の難問は、本源的承認がこのように消失してしまうことがあるのはなぜなのか、という問いであるとホネットは考える。

その問いに向かうにあたって、さしあたりホネットは、ルカーチの単に商品交換を範型とした活動が物象化する態度を引き起こすと考える立場は退けるものの、きわめて一方的な実践が及ぼす持続的効果が物象化を引き起こすという彼の所説には依拠する。そこで導き出されるのは、ある種の持続的で日常的な実践が、「承認の忘却」を引き起こすという仮説である。「タナー講義」で引き合いに出したテニス・プレーヤーの例（本書八八頁）は、ここで言うような物象化を引き起こすものではないがゆえにミスリーディングであったことは認めつつも、一つの目的が排他的に自立してしまい、先行する世界との関係全体が消失してしまう事例としては用いることが可能である。勝負に熱中するテニス・プレーヤーのような無害な例とは異なって、実際に物象化を引き起こすものとして「返答」でホネットが付け加えているのは、映画や小説で見たり読んだりするような戦争行為である。そこでは、敵の殲滅が自己目的化し、敵として包摂される非戦闘員の女性や子どもも人間としては扱われなくなる。そこでは、あらゆる実存的共感が欠落しているがゆえに、そういった態度は人に対する無関心ではなく「物象化」と呼ぶべきなのである。

この戦争の例について考えることによって、観察目的の自立化についての「タナー講義」での議論は、きわめて不正確であったことをホネットは認めている。他者の観察が唯一の目的となる実践が、すべて物象化を引き起こすわけではない。バトラーによる批判に答える形で、ホネットは例として子どもの行動を観察する発達心理学者と敵のテリトリーを観察する兵士を挙げる。前者は、子どもの一定の能力の成熟についての知識の増大を目的にし、後者は敵の殲滅という目標にとっての危険や障害を知ることを目的にする。この後者のケースにおいてのみ、観察するという目的の自立が本源的承認の忘却をもたらすのである。一般に、われわれ人間の人間的特性を無視することを要求するような行為が自立し、さらにそれがルーティン化、習慣化した場合に物象化が引き起こされる、とホネットは考える。

最後にホネットは、「タナー講義」およびそこでの討論を通じてわかったこととして、「真の（true）物象化」のケースは社会的生活世界においては、まれで例外的なケースであることを認める。それに対して、他者をあたかも（as if）物のように扱う「擬似的（fictive）物象化」は、セクシュアリティが関与する局面や虐待のようなケースにおいて見られるものであり、その場合確かに他者を自らの思い通りにできる対象として扱いはするが、人と物との存在論的相違を忘れているわけではない、とされる。「真の物象化」が生じている場合には、それとは異なって他者を人間的特性を備えた生きた存在と感じることができなくなっているのである。そのようなケースの最たるものとして、ホネットはホロコーストに次のように言及して、「返答」を締めくくっている。

しかし、物象化というテーマに対する私の関心を呼び起こした現象がまさに何であったかを思い出すなら、それは「産業的」大量殺戮を解釈する際の困難であったことを認めねばなるまい。今日でもなお、どのようにして若者たちが、何百人ものユダヤ人の子どもや女性の後頭部を無慈悲に撃ち抜くことができたのかを理解するのは、難しい。そしてそのようなぞっとする行為の要素は、二〇世紀を特徴づけるあらゆるジェノサイドにも見いだせるのである。もし、われわれは人間として先行する承認を通じて互いに関係し合うのなら――それは私が確信している事実なのだが――、こういった大量殺戮は、このような先行する承認を消し去ったり「忘れたり」することをわれわれはどう説明するのか、という問いを引き起こす。私のささやかな研究は、とりわけ二〇世紀のこの人間学的な謎に対する答えを見いだそうとする試みなのである（一五八頁）。

「訳者解説1」で触れられているように、ホネットの承認論は、主として一九九二年に刊行された『承認をめぐる闘争』や二〇〇〇年の『正義の他者』で輪郭を与えられ、展開されてきたものである。イエナ期のヘーゲル哲学やG・H・ミードの社会心理学等を手がかりにして、人間のアイデンティティ形成に必要な三つの承認形態（愛、法、連帯）を取り出し、それぞれに対応する承認の毀損、拒絶によって社会的コンフリクトの発生を説明する、というのがこれまでのホネットの承認論がもつ狙いであり、批判的社会理論としてのアクチュアリティもその点にあった。しかし、本書『物象化』における承認の概念は、以前の著作で展開されてきた承認の概念と同じものではない。認識に先行し、発生的にも概念的にも認識に対して優位にあるとされる本書での承認の形態は、かつてホネットが提示した承認の形態のどれとも一致しないし、どれにも包摂されることがない。「タナー講義」および『物象化』の本論では今ひとつはっきりしなかったその点が、見てきたようにこの「返答」では明確にされている。

三人の「応答者たち」の疑問や批判に、ホネットは必ずしも逐一答えているわけではないが、おおむねバトラーとリアから発せられた疑問や批判に対しては、根本的な水準で回答を与えているように思われる。つまりバトラーやリアは、かつてのホネットの、あるいは通常の用語法における承認概念と『物象化』における承認概念を混同しており、そういう意味でカテゴリー・エラーを犯しており、したがって二人の疑問や批判は「的はずれ」であるということが言えるかもしれない。『物象化』において展開されている認識に先立つ承認という概念は、規範と関わるものではなく、また愛や憎しみといった特定の具体的感情を指示するものでもないからである。承認は、人が人であることの可能性の条件として、ホネット自身が言うように「一種の超越論的条件」として理論戦略のなかに組み入れられているのである。ただしそうはいっても、ホネットのこのような理論戦略がはたして説得力をもっているか、「認識に先立つ承認」や「承認の忘却としての物象化」に関するホネットの説明が本当に根拠づけられているかどうかは、現時点ではまだ確定していないと言わざるをえないであろう。今後彼が、自らの承認論と物象化論をさらにどのように展開していくのか、待たれるところである。

他方、ゴイスによる、ホネットの承認論的物象化論は社会批判としての要件を満たしていないという批判は辛辣であり、「返答」でも十分答えきれていないように思われる。かつての彼の承認論は、従来「財の分配をめぐる闘争」として解釈されてきた社会運動や抵抗運動を「承認をめぐる闘争」としてとらえ直し、個々人の具体的経験やアイデンティティのあり方を政治的、文化的環境との相関のなかに位置づけることにより、多様な社会的コンフリクトに切りこむことができた。『物象化』では、どうであろうか。ホネットは「返答」において、物象化とは「主体が現行の承認規則を侵害しているだけではなく、他者を『仲間の人間』とは知覚したり扱ったりすらしないことによる、先行条件そのものを侵害するという、むしろありそうにない社会的ケースを示している」と言い、また「真の物象化」はまれで例外的なケースであると述べている。もしそうであるならホネットの物象化論は、きわめて限られたレア・ケースにしか適用できないということなのか。事実、先に引用した「返答」末尾で彼はホロコーストやジェノサイドに言及し、物象化についての自らの研究の動機がそれらの解明にあったことを明かしているが、本当に物象化の名に値するような社会現象は、文明史的カタストロフを意味するような出来事に限定されてしまうのであろうか。彼は、「真の物象化」と「擬似的物象化」とを区別しているが、その二種類の物象化がどういう関係にあるのかは、いまだ判然としていないように思われる。「真の物象化」が「先行する承認に由来しているという感覚がもはや失われているような認識」であるのなら、「承認に敏感な認識の形式」との間に「擬似的物象化」のグラデーションのようなものがあるのであろうか。ホネットの承認論的物象化論が批判的社会理論としての真価を発揮するためには、少なくとも以上のような点を明確にする必要があろう。

ゴイスは、ホネットによる社会理論のプロジェクトのなかに、哲学的人間学と社会批判を統合しようとする試みを見た。実際、「批判理論のコミュニケーション論的転回」と称されるハーバーマスの理論戦略に対して、ホネットのそれは「批判理論の人間学的（再）転回」と呼ぶことが可能かもしれない。フランクフルト学派の伝統のなかでフロムやマルクーゼの学説のなかにはあった人間学的基盤を、ホネットは独自のやり方で復権させようとしているかのようであり、本書『物象化』においてはそのような人間学的転回の試みが以前にも増して鮮明になっているように思われる。ゴイスが失敗を宣告したその試みの成否については、今後さらなる検討を必要とするところであろう。

＊　＊

翻訳の分担については、前書きから第3章までを辰巳が、第4章から第6章までを宮本が担当した。それぞれの訳稿に対しては、そのつど互いに細部に至るまでチェックし、訳語の統一などにも注意を払ったつもりではあるが、思わぬ瑕疵や不備があるかもしれない。読者諸賢のご叱正を賜わりたい。

最後になりますが、本書の訳出にあたってはかなりの時間がかかってしまい、法政大学出版局のみなさんには本当にご迷惑をおかけしました。すでに編集代表の任を退かれた平川俊彦さん、秋田公士さん、現編集部長の勝康裕さんに、この場を借りて感謝とお詫びを申し述べさせていただきます。

二〇一一年二月

宮本真也
辰巳伸知

Marx, K.　9, 19, 21, (30), 123
ミード
Mead, George H.　56f., 59
ヤーガー
Jagger, E.　(136)
リア
Lear, J.　5, (118)
ルカーチ
Lukács, G.　9, 11f., 14, (15)f., 19-31, 33-46, 48, (51)f., 55, 61, 64, 69, 71, 76-83, 86, 91, (95), 97, 99f., 103, 112, 114, (116), 119-128, 130, 135
レウィ
Löwy, M.　(31)
レグラ
Röggla, K.　(118)
ローマン
Lohmann, G.　(30), (95)
ローレンツァー
Lorenzer, A.　(117)

テイラー
Taylor, Ch.　(16)
デネット
Dennett, Daniel C.　(52)
デューイ
Dewy, J.　34, 45-(53), 61-64, 69, 71-(72), 78, 83, 91f., (95), 103
デンマリング
Demmerling, Ch.　(16)
トゥーゲントハット
Tugendhat, E.　(53), (117)
トマセロ
Tomasello, M.　58-60, (72), 90
ドルネス
Dornes, M.　60, (72)
ドレイファス
Dreyfus, Hubert L.　(52)
ニーチェ
Nietzsche, F. W.　106
ニュハウザー
Neuhouser, F.　(31)
ヌスバウム
Nussbaum, M.　12, (16), 25, (30), 120
ハーバーマス
Habermas, J.　(31), 52, (71), 81, (95)
ハーバーマス
Habermas, T.　(116)
ハイデガー
Heidegger, M.　34-47, 49-(53), 61-64, 69-(72), 76f., 91f., (95), 100, 103, 110
バトラー
Butler, J.　5
ハマー
Hammer, E.　(72)
ピアジェ
Piaget, J.　56
ビエリ
Bieri, P.（メルシエ　Mercier, P.）101, 115, (117)
ファインバーグ
Feinberg, J.　(135)
フィヒテ
Fichte, Johann G.　27, (31), 37
フィンケルスタイン
Finkelstein, D.　103, 106, (117)
フーコー
Foucault, M.　(117)
フォスヴィンケル
Voswinkel, S.　(136)
ブラドキー
Brodkey, H.　11, (15)
フランクファート
Frankfurt, H.　111, (117)
フロイト
Freud, S.　56, 111
ヘーゲル
Hegel, Georg W. F.　27, 44
ヘルマン
Herman, B.　(135)
ヘルマン
Hermann, J.　(117)
ホックシールド
Hochschild, Arlie R.　(16)
ホネット
Honneth, A.　(16) f., (30), (72-73), (95), (116), (136)
ホブソン
Hobson, P.　58-60, (72), 90
マッキノン
MacKinnon, K.　(136)
マッツナー
Matzner, J.　(15)
マルガリート
Margalit, A.　(135)
マルクス

人名索引

（　）内は注の頁数を示す

アーペル
Apel, K.-O.　(116)
アドルノ
Adorno, Th. W.　10, 60-63, 72, 84, 92-(96), 98-100, (116)
アリストテレス
Aristoteles　101, 115, (117)
アンダーソン
Anderson, E.　12, (16)
イエッギ
Jaeggi, R.　5, (16)
イェリネク
Jelinek, E.　11, (15)
ヴィトゲンシュタイン
Wittgenstein, L.　65, 67
ウィニコット
Winnicott, Donald W.　100, 115-(116)
ウィルキンソン
Wilkinson, S.　(16)
ヴェーバー
Weber, M.　9, 21, 80
ウエルベック
Houellebecq, M.　11, (15)
カーヴァー
Carver, R.　11, (15)
カステル
Castel, R.　(136)
カント
Kant, I.　(135)
キャヴェル
Cavell, S.　34, (51), 64-(73), 75f., 79, 83, 90, (95)
キャヴェル
Cavell, M.　72
クールマン
Kuhlmann, A.　(16), (136)
ゴイス
Geuss, R.　5
ゴルドマン
Goldman, L.　(51)
サール
Searle, J.　104, (117)
サルトル
Sartre, J.-P.　66-68, (73), 129, (136)
ジェイ
Jay, M.　(15)
ジェームズ
James, W.　(96), 98f., (116)
ジンメル
Simmel, G.　9, 121f., (135)
シュミッツ
Schmitz, H.　(117)
ショイアマン
Scheuerman, S.　11, (15)
ゼール
Seel, M.　(96)
セラーズ
Sellers, W.　50
セルッティ
Cerutti, F.　(15)
ダンネマン
Dannemann, R.　(30)
チュルン
Zurn, C.　5
デイヴィッドソン
Davidson, D.　56f.

《叢書・ウニベルシタス 956》
物象化——承認論からのアプローチ

2011年6月10日　初版第1刷発行

アクセル・ホネット
辰巳伸知／宮本真也訳
発行所　財団法人　法政大学出版局
〒102-0073 東京都千代田区九段北3-2-7
電話03(5214)5540 振替00160-6-95814
組版：海美舎　印刷：平文社　製本：ベル製本

Printed in Japan

ISBN 978-4-588-00956-3

著　者

アクセル・ホネット (Axel Honneth)

1949年ドイツのエッセンに生まれる．ボン，ボッフム，ベルリン自由大学で哲学，社会学，ゲルマニスティーク等を学ぶ．ベルリン自由大学に『権力の批判――ミシェル・フーコーと批判理論』を博士論文として提出．その後シュタルンベルクのマックス・プランク研究所に移り，84年にフランクフルト大学哲学科助手．ユルゲン・ハーバーマスの強い影響下で現代社会理論の構築に専念．91年よりコンスタンツ大学哲学科教授，92年秋からベルリン自由大学政治哲学教授．現在は，フランクフルト大学哲学・歴史学部の教授をつとめ，〈社会研究所〉の所長も兼ねる．主著に博士論文をさらに発展させた『権力の批判』（邦訳・法政大学出版局）があり，ホルクハイマーとアドルノの到達した地平を現代の視点から再構成し，フーコーとハーバーマスとの対質を試みている．邦訳書には上記のほか『承認をめぐる闘争』，『正義の他者』（いずれも法政大学出版局），『自由であることの苦しみ』（未來社）がある．

訳　者

辰巳伸知（たつみ しんじ）

1959年生まれ．佛教大学社会学部准教授．

宮本真也（みやもと しんや）

1968年生まれ．明治大学情報コミュニケーション学部准教授．